猶記風吹水上鱗

——錢穆與現代中國學術

余英時　著

三民書局

余英時典藏套書引言

國立臺灣大學歷史系教授
陳弱水

余英時先生（一九三〇～二〇二一）於去年八月一日離世，一年之後，三民書局要重出他原在該書局出版的六本書，邀我為這六本書寫一篇引言。我大學時代就開始研讀余先生的作品，後來在博士班成為他的學生，淵源很深，我長年閱讀他的論著，既然受邀，覺得難以推辭。不過，余先生著述宏富，學問至廣，我雖然長年接觸他的文字，又曾受教於他，要寫出恰如其分的引言，還是很不容易。本文基本上在介紹這幾本書的主要議題和余先生的若干重要看法，希望能幫助讀者進入他的學術與思想世界。此外，這幾本書雖然只構成余先生著述的一小部分，但反映不少他的一貫關心和觀點，這篇引言說不定也能增進讀者對余先生的整體認識。

這次重新出版的六本余先生著作是：《會友集——余英時序文集》（上、下兩冊，增訂版）、《中國文化與現代變遷》、《歷史人物與文化危機》、《論戴震與章學誠——清代中期學術思想史研究》、《陳寅恪晚年詩文釋證》（增訂新版）、《猶記風吹水上鱗——錢穆與現代中國學術》。這六本可以分為兩個類別。前三本是文集，裡面的文章大多是通論的性質，而非專門研究，構成一類；後三本雖然也是單篇文章的結集，但各書主題單一，有專書的實質，內容則以專門研究為主。不過，余先生的著作有個重要特色，就是通論性或評論文章往往立足於學術基礎，學術論著則常具思想意味，甚至含有時代意義。關於傳統中國的論著，通常學術性強，但在涉及近代和當代課題的文章，往往是學術、思想、評論的因子交光互影，上述兩個類別的分野並不絕對。

為了讓讀者對余先生這六本書有比較具體的認識，我這裡還是要依照類別進行介紹，兩類之中，各本書也分別討論，但在這個過程，我會儘量揭示余先生在這些書中所顯露的通盤關心，希望讀者能對各書的關聯有所了解。

我要從前三本的文集開始。首先是《會友集——余英時序文集》，就如本書副題所顯示，這是余先生為他人書籍所寫序文的結集，所以這本書包羅廣泛，沒有特定的宗旨，寫序的書主題是什麼，序文就往那個方向開展。不過正因為如此，這本序文集大幅度展現了余先生的學識和思考的問題，很適合作為介紹他的學思世界的起點。

《會友集》是現任浙江大學教授彭國翔受余先生之託所編集，初版在二〇〇八年由香港明報出版社出版，收有余先生序文三十八篇，兩年後三民出臺灣增訂版，增加了十三篇，共計五十一篇。余先生一生為人作序甚多，這五十一篇雖然不是全豹，遺漏已經不多了。在一般的印象中，序文經常是應酬文字，少有精華之作，但余先生個性認真，不願辜負他人的付託，也不想浪擲自己的時光，他寫作序文，儘量把它當作自己主動要寫的文章，戮力以赴。余先生是學者，他常見的做法是對書的主題進行一番研究，然後把重要心得寫入序文，和作者形成對話，也期望讀者有實際的收穫。因此，書籍不論是否為學術性質，序文往往有相當程度的學術內涵以及深思熟慮的意見。余先生在《會友集・自序》中說：「我生平不會寫應酬式的文字，友人向我索序，我必儘可能以敬慎之心回報。首先我必細讀全稿，力求把握住作者的整體意向；其次則就我所知，或就原著旨趣加以伸引發揮，或從不同角度略貢一得之愚。但無論從什麼方向著筆，我都堅守一個原則，即序文必須環繞着原作的主題發言。換句話說，原作為主，序文則居於賓位。序文的千言萬語都是為了凸顯原作的貢獻及其意義。」（頁一）我引述這一大段文字，是想表明，《會友集》所收錄雖皆為序文，都是余先生的心血之作，由於序文集的特性，它展現了余先生心靈的多個方面。

彭國翔教授編輯《會友集》，把余先生的序文分為「內篇」和「外篇」，剛好就是三民版上、下冊，彭教授表示，內篇「論學術」，外篇「議時政」（頁七〇九）。不過，我覺得這些序文可以再進一步分為三類：「內篇」（上冊）是歷史學術——特別是傳統中國史——相關的序文，「外篇」（下冊）並不只是「議時政」，其中既有關於近現代中國史（包括中共歷史）的研討，也有對當代中國情勢的論說。整體而言，《會友集》的學術成分相當高，但近現代中國史與中國的現實關係密切，則是沒有問題的。興趣主要在歷史學術的讀者，不妨先看本書上冊，對近現代中國或余先生的思想特別關注的人，則可從下冊開始閱讀。

這裡想要進一步指出，《會友集》的三個重點：以傳統中國史為中心的歷史研究、近現代中國史、當代中國情勢，反映了余先生一生整體關心的大部分，這幾個重點也或多或少出現在三民版的其他兩本文集：《中國文化與現代變遷》、《歷史人物與文化危機》，《會友集》的內容有不少可與這兩本呼應的地方。

余先生是世界知名的中國史大家，在近代以前思想史方面的成就尤其高，他為學術書籍寫序，自然涉及不少重要的史學問題，這方面的特點，下文論及余先生學術專著時會稍作說明，這裡先略過。至於余先生對於中國近現代史的研究和討論，他從年輕時代開始，就具有公共知識分子的性格，對近當代史事非常留意，但他為文探討這方面的問題，是一九八〇年代以後的事，當時已五十餘歲，就學院的標準來說，並不是近代史的專業研究者。余先生進入中國近現代史領域，有兩個主要來源。一是對中國現代學術以及歷史學、人文學特性的關心。余先生年輕時就廣讀現代中國史學大家的著作，他在香港、美國又親炙幾位史學界重要人物：錢穆（一八九五～一九九〇）、洪業（一八九三～一九八〇）、楊聯陞（一九一四～一九九〇），很早就有機會聽聞學界內部的訊息。一九八〇年代以後，由於一些特定的機緣，例如陳寅恪全部著作出版、胡適資料的刊布，余先生得以開始利用他積蓄已久的認識和心得，開展對中國近現代學術史的撰述。

余先生探討中國近現代史還有一個主要來源：對中共問題的關注。共產黨的興起和取得政權，是二十世紀中國的最大事件，對余先生個人和整個中國都是絕大的衝擊。一九四九年十月中共政權建立時，余先生人在北京，是燕京大學學生。他本來完全沒有離開中國本土的想法，但各種事情巧合，讓他在一九五〇年到香港探親後，最終決定留在香港，從此改變一生的命運。中共極權統治造成無人道的景況以及對中國社會文化的全面破壞，人在海外的余先生痛心疾首。一九八〇、一九九〇年代以後，他以深厚的史學造詣，對中共的歷史和特性提出很有洞見的解說。這部分在《會友集》「外篇」有相當的表現。余先生對中共歷史和相關問題的探討出於他的現實關懷，是很明顯的，他在《會友集》中議論時政的部分，也是以中國和中共問題為主，就是很自然的了。

余先生對於近現代中國歷史和當代局勢的見解有何特殊之處？《會友集》表現最清楚的是他對中共極權體制和中共集團性質的解釋。中共政權建立以後，對於中共統治方式的來源，西方和日本流行一個觀點，主張以毛澤東為首的中共統治是中國帝王體制的延續，中國傳統是中共政權型態的最深來源。余先生對此不表同意，他認為中共統治的方式和傳統君主政治相差很遠，中共政權特點的最主要來源是蘇聯的蘇維埃體制，中國傳統的色彩大多是附加的。但中共集團的構成則有很深的傳統背景，余先生認為，中共的主導人物既不是知識分子，也不是一般的農民，而是各種型態的社會邊緣人，在傳統時代，這類人就是歷代反叛動亂的要角，在現代中國，他們在激烈的「革命」中找到了出路。中共的文化特色也可以從集團構成上得到若干了解。

可以看出，余先生探討近現代歷史和當代議題，懷有宏觀的視野，他的傳統中國史造詣讓他能對現代中國的變局指出一般學者不易看出的要點。除了中國史知識，余先生的文章也常引用西方觀念。余先生從年輕時起，就對西方思想和哲學有高度興趣，瀏覽、購買、閱讀有關書籍是他日常生活的一部分，他往往從這些閱讀中獲得了解事物的啟發，但他不會生搬硬套，削足適履，總是力求認識事實的關鍵，再尋求適切的解釋。運用廣闊的知識和豐富的思想資源，以清朗的文字訴說對各項問題和現象的看法，是余先生通論文字的重大特色。

總之，由於《會友集》是以文章體裁為準編輯而成，網羅了余先生對各式各樣問題的論說，讓我們可以相當清楚看出他論學寫文的重點以及基本風格。

再來要談另一本文集《中國文化與現代變遷》。這本書出版於一九九二年，搜集余先生從一九八八年到一九九一年的通論性文字。前面說過，《會友集》涉及的問題大概有三類：以傳統中國史為中心的歷史研究、近現代中國史、當代中國情勢，這也反映了余先生學思的大部分重點。顧名思義，從書題看來，《中國文化與現代變遷》中的文章多集中於文化和近現代中國這兩點。近現代中國的課題已如前述，「文化」的確是余先生長期關心的另一主要問題，它之所以沒有明顯出現在《會友集》，應該是因為請余先生寫序的書沒有以此為主題的。

「文化」是當代人文學科和社會科學的重大議題，也是這些學科和一般談論中時時使用的核心概念，內涵多樣。余先生談這個問題，主要是取文化的領域意義，也就是相對於政治、社會、經濟等領域的文化。這個意義的文化包括的社會生活要項很多，例如教育、學術、思想、宗教、藝術、文學、各種價值系統，傳統中國的儒家也屬於文化的範疇，大概來說，就是以精神生活為中心的領域。余先生的一個基本觀點是，文化具有獨立性和超越性。獨立性，是指相對於其他力量，如政治、市場，文化不是附屬品，它有自身的能動性，甚至可以影響、改變其他領域的狀態；超越性，則主要是指文化能創造自己獨立的標準，超乎功利和權力的考慮。

余先生一生最大——至少是持續最久——的關懷是中國社會如何從殘破的境地重新復甦，恢復健康，他認為獨立而有活力、深度的文化是關鍵。在他對近現代中國歷史的討論中，他也最同情胡適（一八九一～一九六二）的觀點：以文化為本的漸進改革，而不是急切的政治革命，才是中國應該走的路。我不知道在余先生全部的評論文字中，對於文化觀念的討論占多少分量，不過我一九八〇年代在耶魯大學求學時，社會變革應以文化為本，深化文化，是余先生常向我表達的看法。這是他堅定的信念。到了晚年，學術與文化中的人文重建尤其是他的重要關懷。（參見余英時，《人文與民主》，時報文化出版公司，二〇一〇）

在《中國文化與現代變遷》有關近現代中國的文章，我特別推薦〈中國知識分子的邊緣化〉、〈費正清與中國〉這兩篇。〈中國知識分子的邊緣化〉試圖展示，邊緣化是二十世紀中國知識分子的突出特徵，知識分子從傳統上處於核心的士人地位，變成在社會、政治乃至文化各方面邊緣化，這個現象的另一面，則是原來的邊緣人構成了政治權力的核心。這個討論可以幫助我們對中國共產黨的興起和特質有深入了解，在某種程度上，國民黨也有類似的情況。〈費正清與中國〉是在費正清 (John King Fairbank, 1907–1991) 過世後所寫的紀念文章，其實是一篇有分量的歷史論析。費正清是哈佛大學教授，美國中國近代史領域的重要開拓者，也是具有外交實務經驗，並對美國對華政策有影響的學者。費正清對國民黨反感極深，很早就主張美國承認中共政權，在二次大戰後很長的時間，在臺灣國民黨和親國民黨的圈子，他被當成美國親共學閥的代表。余先生在哈佛大學求學，曾修過費正清的課，在哈佛任教後，又是同事，和他有二十多年的淵源。在這篇文章，余先生融合他對現代中國史、美國漢學發展以及費正清個人的認識，對費正清個人和美國對華政策的特性，提出豐富而有見解的說明。此文不但有助於我們了解二十世紀中期的美、中、臺關係，在臺灣當前局勢的思考上，也可以有所啟發。

最後一本通論性文集《歷史人物與文化危機》出版於一九九五年，其中的文章大都寫於一九九一至一九九五年之間，文章的主題就如書題所顯示，很多與「文化危機」和「歷史人物」有關。「文化危機」也屬於余先生關心的文化問題，但重點在現代中國歷史上的一個重要現象。簡單說，中國由於在現實上嚴重挫敗，從十九、二十世紀之交，出現了對自身文化喪失信心的情況，轉而師法西方學說，以西方為尊，最後終結於「五四」後期的激烈反傳統思潮。另外一方面，中國社會又不甘於全力西化，產生對西方又羨慕又憎惡的心理，與此相連的則是許多激烈而簡單化的訴求，共產黨席捲中國，和這一情勢有關。有關「文化危機」的文章（包括該書自序）是對這個現象的揭示和檢討。

至於「歷史人物」，談的都是近現代中國的人物。政治人物方面，主要是毛澤東和周恩來，這是余先生析論中國共產黨的一部分。與前兩本書集中於政治人物不同，這本書還收入了幾篇有關近現代中國學術思想人物的文章，包括曾國藩、魯迅、周作人、郭沫若、林語堂，余先生在這方面也是很有心得的。

現在進入三本比較專門性的學術書籍，首先是《論戴震與章學誠——清代中期學術思想史研究》。這是三民版的六本書中寫作年代最早，專門性最強的一本，也是余先生學術生涯的一座里程碑。余先生研究中國史，是從漢代史起家，他從在香港當研究生的時期進入這個領域，一直耕耘到一九八〇年代後期，最主要的著作完成於一九五〇年代後期和一九六〇年代，涉及文化、思想、社會經濟、中外關係種種方面，大約到一九七〇年代末，他在西方漢學界還有漢史專家的形象，雖然這時他精通多領域的聲譽已經開始傳布了。

余先生於一九六二年在哈佛大學獲得博士學位，之後到密西根大學任教，一九六六年又回哈佛擔任教職。在此前後，余先生把他的研究重心轉到明清思想史，特別是清代思想史，《論戴震與章學誠》於一九七六年由香港龍門書店出版，是他這方面研究成果的一個總結，一九九六年的三民版是修訂二版，對初版頗有補正，可說是這本書的「定本」。

清代是中國歷史上學術最發達的時代之一，尤其以中晚期的考證學最受矚目。中國近代人文學興起之時，由於距離清代很近，加上當時知識分子對「科學」觀念的認知頗受考證學的影響，因此學者對清代學術有相當的興趣。梁啟超（一八七三～一九二九）就撰有《清代學術概論》和《中國近三百年學術史》；余先生的業師錢穆也寫有和梁啟超書同名的《中國近三百年學術史》，是一本經典作品。和先輩的研究相比，余先生的研究有兩大特色。首先是帶進了西方思想史研究取向，特別注意從思想內部演變探尋新思潮發生的緣由，他在《論戴震與章學誠》就對儒學傳統何以從講究天道和心性問題的宋明理學變化成性質差異很大的清代考證，做了「內在理路」的說明。其次，過往研究清代的學術思想，對於重要學者的學術業績和思想都有論述，但是對考證學本身的思想史涵義，比較缺乏明確的問題意識。余先生透過戴震（一七二四～一七七七）和章學誠（一七三八～一八〇一）的學術反思以及他們與當代學界的關係，來探討這個問題，這是本書何以以這兩位作為主題人物的緣故。《論戴震與章學誠》是清代和中國近世思想史研究上的一個突破，不但在余先生個人的學術生涯上有重要意義，它也是中文學界開始受到現代西方思想史觀念洗禮的一個主要泉源，這本書在一九七〇、一九八〇年代是很受學界矚目的。

至於《陳寅恪晚年詩文釋證》，一共結集三次，初版和增訂版分別於一九八四、一九八六年由時報文化出版公司出版，一九九八年的三民版是最後的總結集。這是一本很有影響的書，一九八〇年代初刊的時候，掀動一時之視聽，還引起中共官方主導反駁，餘波延續恐怕有二十年。

這本書起源於余先生〈陳寅恪的學術精神和晚年心境〉（一九八二）一文的寫作。一九八〇年前後，《陳寅恪文集》出版，這是陳寅恪（一八九〇～一九六九）最完整的著作集。一九四九年中共政權建立後，陳先生在出版上一直碰到困難，不但新作不能出版，舊作的整理也無法問世。陳寅恪是二十世紀中國的傳奇歷史學家，他在一九五〇年代中葉以後，放棄研究已久的中古史，在目盲的情況下，由助理協助，改治明清史事，以兩位女子——《再生緣》作者陳端生（一七五一～一七九六）、錢謙益妾柳如是（一六一八～一六六四）——為中心，寫成《論再生緣》、《柳如是別傳》，後者尤其是卷帙浩繁的大著。陳寅恪的改變引人好奇，余先生向來留意陳先生的著作，自己又研究明清史，《陳寅恪文集》出版後，立刻細讀《柳如是別傳》和新刊布的詩作。此外，余先生在一九五八年二十八歲時，看了流傳海外的《論再生緣》油印本，認為這本書不純是客觀研究，而涵藏了有關個人身世與當代時勢的心曲，特別撰寫〈陳寅恪「論再生緣」書後〉，將其表而出之。事隔二十餘年，余先生再讀陳先生新作，一定也有再探其心聲的想法。余先生投入新發布的陳先生著述，還有一個原因，他當時告訴我，他想藉此考驗自己的程度。陳先生不但史學精湛，而且古典文學造詣極深，他的詩風曲折幽深，義蘊豐富，一九四九年以後，由於痛惡中共統治，詩文隱語尤多，加上陳先生是學者，所用典故以及運用的方式和一般人不同，文字索解有困難之處，讀其詩文是有意思的挑戰。總之，由於多重原因，在一九八〇年代初，余先生有一段時間沉浸於陳寅恪的著作，特別是新出詩文。

不過，余先生原來並沒有以陳寅恪為主題再次為文的想法。一九八二年他和《中國時報》金恆煒先生在美國偶爾見面，他向金先生談起陳寅恪的晚年著作以及自己的一些想法，金先生聽了大感興趣，鼓動余先生把想法寫出，表示《中國時報•人間副刊》可以不限篇幅刊出。這就是〈陳寅恪的學術精神和晚年心境〉誕生的緣由。這篇文章其實是對陳寅恪學術、思想、價值的整體討論，特點在於，是第一篇把陳氏晚年詩文當作重要材料的論說。該文刊出後一年多，余先生又專門針對陳氏晚年詩文索解的問題，寫了〈陳寅恪晚年詩文釋證〉，余先生的兩篇文章引出一連串的反應，有不信駁斥者，有問難商榷者，更重要的是，在往後多年有關陳寅恪的種種書寫和議論中（一九九〇年代中國有「陳寅恪熱」），余先生的文章成為必有的背景。在這種情勢下，余先生也陸續寫了一些回應和補充文字，有的並不限於陳寅恪的晚年心境，而涉及他的整個學術和思想生命。《陳寅恪晚年詩文釋證》的書首有余先生的增訂新版序、〈書成自述〉以及一九八六年版自序，是成書過程的記錄和回憶，讀者可以參看。

《陳寅恪晚年詩文釋證》的內容雖然很多是專門細緻的文史考證，「陳寅恪熱」也退潮多年，這本書仍然具有其命維新的價值。主要的原因是，這是對一位現代中國特殊人物反反覆覆的探討，由於二十世紀中國特殊的歷史以及陳寅恪特殊的人格，陳寅恪的心境表達往往繁複隱晦，需要有偵探式的研究。余先生的努力是值得的，陳寅恪生命中的很多元素有恆久的意義，值得後世的人了解和省思。

最後一本是《猶記風吹水上鱗——錢穆與現代中國學術》，這本書出版於一九九一年，錢先生去世次年，從書題看來，它的性質和前一本《陳寅恪晚年詩文釋證》一樣，探討一位現代中國重要的學術和思想人物。但這本和論陳寅恪的書有三個主要不同。首先是具有私人性質。從余先生的一生看來，現代中國文史學者中，他受三人影響最深：胡適、陳寅恪和錢穆。三人之中，余先生沒有見過胡適和陳寅恪，而錢穆則是他的老師，余先生的中國史學訓練啟蒙於錢先生，錢先生至為器重余先生，兩人情感深厚。這本書只有一篇是紀念文字：〈猶記風吹水上鱗——敬悼錢賓四師〉，其他都是對與錢先生相涉的近代中國學術思想問題的討論，但論述文字的根據，不少來自余先生的親身見聞，也有錢先生的私人信件。就這一點，本書與余先生對陳寅恪和胡適的研究，性質有相當的差異。

其次，本書有關錢穆的討論，以思想或「學術精神」為主。錢穆學問深廣，兼包四部，但根本上是歷史學者，尤其精通學術思想史，在這方面貢獻最大。不過這本書主要討論思想方面的問題，對於錢穆的史學，余先生晚年寫了〈《國史大綱》發微——從內在結構到外在影響〉（《古今論衡》第二十九期，二〇一六年十二月），讀者可以參看。第三，這本書雖然以錢穆為主題，但內容涉及了近現代中國思想史的幾個關鍵問題。〈錢穆與新儒家〉討論一九五〇年代以後在香港和臺灣頗具影響的新儒家，〈《周禮》考證和《周禮》的現代啟示——金春峰《周官之成書及其反映的文化與時代新考》序〉檢討近現代中國的烏托邦思想（此文亦收入《會友集》上冊），〈中國近代思想史上的激進與保守〉則是對近代中國思想激烈化與保守之意義的通盤解說，這篇置於此書，正因為錢穆是保守立場的重要人物。諸篇文章合而觀之，本書頗有思想史的色彩，很適合對近代中國思想有興趣的讀者閱覽。

以上是對三民版余英時先生六書的介紹。這六本書有相當的分量，也投射出余先生一貫關心的許多方面，但整體來說，仍然只是他的業績的一小部分。余先生在〈一生為故國招魂——敬悼錢賓四師〉中說，他的這篇文章「遠不足以概括錢先生在現代中國學術思想史上的貢獻和意義。任何人企圖對他的學術和思想作比較完整的評估，都必須首先徹底整理他所留下的豐富的學術遺產，然後再把這些遺產放在現代中國文化史的系統中加以論衡。這是需要長期研究才能完成的工作。」（《猶記風吹水上鱗》頁十七、十八）這些話的基本意思也可以適用於余先生自己。對於余先生學術和思想的深入認識和評估，也需要很多人的長期努力。這是一筆寶貴的資產。

自序

錢賓四師辭世已整整一年了，一年前我曾寫了兩篇悼念他的文字——〈猶記風吹水上鱗〉和〈一生為故國招魂〉——先後發表在《中國時報》和《聯合報》上。三民書局劉振強先生當時曾約我編一部紀念賓四師的專刊，因為賓四師晚年的著作幾乎全是由劉先生經手出版的。原則上我接受了這個任務，然而在實行時卻不得不對原來的計畫加以修改。這一年來，臺灣、香港、和大陸都刊出了不少紀念錢先生的文字，但是我旅居海外，無法進行有系統的收集工作，如果僅就眼前所見，彙集成冊，則不免遺漏過甚。幾經考慮之後，我決定把我自己以前涉及錢先生的文字合為一編，作為個人紀念錢先生逝世一周年的獻禮。

這裏所收的文字多數是與錢先生直接相關的，但也有兩三篇僅間接涉及他的學術和思想，應略加說明。〈《周禮》考證和《周禮》的現代啟示〉曾刊於臺北的《新史學》（一卷三期，一九九〇年九月）和北京的《中國文化》第三期（一九九〇年十二月）。此文特別指出錢先生〈劉向歆父子年譜〉和〈周官著作時代考〉的重大貢獻。前一文尤其曾震撼了當時的學術界，使人從康有為《新學偽經考》的籠罩中澈底解放了出來。《周禮》決不是劉歆為了助王莽篡位而偽造的「建國大綱」，至此已無疑義，重翻舊案是徒勞無功的事。但是由於今天新一代的學人對清末民初的今古文經學之爭已隔得遠了，對於這個問題的意義恐怕不免也有些看不清了。最近我在《胡適的日記》（臺北，遠流出版公司影印本，一九九〇年，第十冊）中發現了一則紀事，值得引在這裏。《日記》民國十九年十月二十八日條說：

昨今兩日讀錢穆（賓四）先生的〈劉向歆父子年譜〉（《燕京學報》七）及顧頡剛的〈五德終始說下的政治和歷史〉（《清華學報》六．一）。

錢譜為一大著作，見解與體例都好。他不信《新學偽經考》，立二十八事不可通以駁之。

顧說一部分作於曾見錢譜之後，而墨守康有為、崔適之說，殊不可曉。

這是〈向歆年譜〉初問世時的反響，是有關現代中國學術史的第一手史料。我在寫關於《周禮》一文時，《胡適的日記》尚未出版，所以現在抄在這裏，以為補充。第二年（民國二十年）北京大學聘錢先生講授中國上古史和秦漢史，其淵源即在於此。

〈中國文化的海外媒介〉一文原為悼念楊蓮生師而作，因其中有專節論及錢先生，所以也收在這裏。錢、楊兩先生同是我正式受業的老師，不意同年逝世，相去不過兩個多月。從此我竟成韓愈所謂「世無孔子，不在弟子之列」了，思之尤不勝其傷悼。〈中國近代思想史上的激進與保守〉一篇長文雖未正面涉及錢先生，然而卻為他的學術和思想提供了一種時代的背景。錢先生在一九八八年為《國史新論》所寫的〈再版序〉上說：

余之所論每若守舊，而余持論之出發點，則實求維新。亦可謂為余治史之發踪指示者，則皆當前維新派之意見。（臺北，東大圖書公司，增訂初版，一九八九年）

這正是我的〈激進與保守〉文中所討論的主題之一。原文是香港中文大學二十五周年紀念講座第四講的紀錄（一九八八年），曾刊於《中文大學校刊》附刊十九。此次重印，文字略有改動。

本書所收各文中，最早發表的是〈《十批判書》與《先秦諸子繫年》互校記〉，時在一九五四年。此文揭出了郭沫若掩襲錢先生的著作的事實，是現代學術史上一重極有趣的公案。由於此文未經重印，故流傳不廣。此次收入集中，校勘和考證的部分一仍舊貫，但在行文方面則作了較大的修改。中共官方學術界曾間接反擊此文，採取變被告為原告的策略，反過來誣指《先秦諸子繫年》由抄襲而成，更為學術史添一趣聞。因此我又補寫了一篇跋文，供讀者參考。

〈錢穆與新儒家〉一文近四萬言，最近才寫成，是本書中最長的一篇，此文較去年所寫的兩篇悼念文字為詳實，因之也許可以更進一步說明錢先生的治學精神。但是為了避免引起無謂的爭端，我沒有讓它先在報章雜誌上露面。所以這是第一次刊布的文字。

本書〈附錄〉收入錢先生論學論文的書簡三通，這是從我手頭尚保存着的信中挑選出來的。我因為屢次遷居，師友書簡損失最多。錢先生給我的信也頗多遺失和殘闕，現存的幾十封信是我在錢先生逝世後，翻箱倒篋找到的。〈附錄〉第一、第二通寫於一九六〇年，那時錢先生正在耶魯大學任客座教授。這兩封信都是對我的《漢晉之際士之新自覺與新思潮》初稿的批評和討論。其時我治國史不過剛剛入門，這兩封信對我有振聾啟聵的震撼力。當時我的計畫是讀完學位後回到新亞去執教，所以主要精神是放在西方歷史和思想方面，如羅馬史、西方古代、中古政治思想史、文藝復興與宗教改革、以及歷史哲學等都是我曾正式選修過的課程。我的心裏頗有些焦急，因為我實在騰不出太多的時間來專讀中國書，而中國古籍又是那樣的浩如烟海。我在給錢先生的信中不免透露了這一浮躁的心情。錢先生每以朱子「放寬程限，緊着工夫」的話來勉慰我，叫我不要心慌。這種訓誡真是對症下藥，使我終身受用無窮。錢先生又特別提醒我：治中國學術思想史必須在源頭處着力，不能以斷代為限。這句話也是我終身不能忘記的，雖然我至今仍停留在「雖不能至，心嚮往之」的階段。錢先生又一再告誡我不可追逐時尚，鬥奇炫博，走上華而不實的斜徑。我自己感覺非常幸運，在我步向學術旅程的關鍵時刻能夠得到這樣一位良師的當頭棒喝。限於才力，我的成績自然遠遠沒有達到錢先生當初對我的期待。但是我後來常常把錢先生的意思——其實也就是中國傳統的為學之方——輾轉說給向我問學的青年朋友們聽。我勉強做到了錢先生所說的「守先待後」。〈附錄〉中的第三封信是一九六六年寫的，那時我剛剛回到哈佛任教，胸中正醞釀着對清代中期思想史的一種新解釋，而以戴東原與章學誠的對照為其中心線索。因此我寫信向錢先生求教，現在發表出來的便是他的答書。這是我的《論戴震與章學誠》的一個遠源。我自己曾受到錢先生這幾封論學書簡的啟發和激勵，所以現在決定把它們公諸於世，與有志於治中國學術思想史者共享之，並略述其背景如上。

一九九一年九月二十六日余英時序於美國普林斯頓

猶記風吹水上鱗
——錢穆與現代中國學術

陳弱水

目次

猶記風吹水上鱗

——敬悼錢賓四師

海濱回首隔前塵，猶記風吹水上鱗。
避地難求三戶楚，占天曾說十年秦。
河間格義心如故，伏壁藏經世已新。
愧負當時傳法意，唯餘短髮報長春。

八月三十一日深夜一時，入睡以後突得臺北長途電話，驚悉錢賓四師逝世。悲痛之餘，心潮洶湧，我立刻打電話到錢府，但錢師母不在家中，電話沒有人接。所以我至今還不十分清楚錢先生（我一直是這樣稱呼他的，現在仍然只有用這三個字才能表達我對他的真實情感。）逝世的詳情。不過我先後得到臺北記者的電話已不下四、五起，都說他是在很安詳的狀態下突然去的，這正是中國人一向所說的「無疾而終」。這一點至少給了我很大的安慰。今年七月我回到臺北參加中央研究院的會議，會後曾第一次到錢先生的新居去向他老人家問安。想不到這竟是最後一次見到他了，走筆至此禁不住眼淚落在紙上。

最近十幾年，我大概每年都有機會去臺北一兩次，多數是專程，但有時是路過。每次到臺北，無論行程怎麼匆促，錢先生是我一定要去拜謁的。這並不是出於世俗的禮貌，而是為一種特殊的情感所驅使。我們師生之間的情感是特別的，因為它是在患難中建立起來的；四十年來，這種情感已很難再用「師生」兩個字說明它的內容了。但最近兩三年來，我確實感到錢先生的精神一次比一次差。今年七月初的一次，我已經不敢說他是否還認識我了。但是他的身體狀態至少表面上還沒大變化。所以他的突然逝世對我還是一件難以接受的事。

我對於錢先生的懷念，絕不是短短一兩篇、甚至三五篇「逝世紀念」那種形式化的文字所能表達得出來的，而且我也絕不能寫那樣的文字來褻瀆我對他老人家的敬愛之情。所以我現在姑且回想我最初認識他的幾個片斷，為我們之間四十年的師生情誼留下一點最真實的見證，同時也稍稍發抒一下我此時的哀痛。以後我希望有機會寫一系列文字來介紹他的思想和生平，但那必須在我的情緒完全平復以後才能下筆。

錢穆草創新亞書院時，校舍簡陋，學生不超過二十人。

我在前面所引的詩是我五年以前祝賀錢先生九十歲生日的四首律詩的最後一首，說的正是我們在香港的那一段歲月。我第一次見到錢先生是一九五〇年的春天，我剛剛從北平到香港，那時我正在北平的燕京大學歷史系讀書。我最初從北平到香港，自以為只是短期探親，很快就會回去的。但是到了香港以後，父親告訴我錢先生剛剛在這裏創辦了新亞書院，要我去跟錢先生唸書。我還清楚地記得父親帶我去新亞的情形。錢先生雖然在中國是望重一時的學者，而且我早就讀過他的《國史大綱》和《中國近三百年學術史》，也曾在燕大圖書館中參考過《先秦諸子繫年》，但是他在香港卻沒有很大的號召力。當時新亞書院初創，學生一共不超過二十人，而且絕大多數是從大陸流亡來的難民子弟，九龍桂林街時代的新亞更談不上是「大學」的規模，校舍簡陋得不成樣子，圖書館則根本不存在。整個學校的辦公室只是一個很小的房間，一張長桌已佔滿了全部空間。我們在長桌的一邊坐定不久，錢先生便出來了。我父親和他已見過面。他們開始寒暄了幾句。錢先生知道我願意從燕京轉來新亞，便問問我以前的讀書情況。他說新亞初創，只有一年級。我轉學便算從二年級的下學期開始，但必須經過一次考試，要我第二天來考。我去考試時，錢先生親自出來主持，但並沒有給我考題，只叫我用中英文各寫一篇讀書的經歷和志願之類的文字。交卷以後，錢先生不但當場看了我的中文試卷，而且接着又看我的英文試卷。這多少有點出乎我的意料之外。我知道錢先生是完全靠自修成功的，並沒有受到完整的現代教育。他怎麼也會看英文呢？我心中不免在問。很多年以後，我才知道他在寫完《國史大綱》以後，曾自修過一年多的英文，但當時我是不知道的。閱卷之後，錢先生面帶微笑，這樣我便錄取了，成為新亞書院文史系二年級第二學期的學生了。這是我成為他的學生的全部過程。現在回想起，這是我一生中最值得引以自傲的事。因為錢先生的弟子儘管遍天下，但是從口試、出題、筆試、閱卷到錄取，都由他一手包辦的學生，也許我是唯一的一個。

錢先生給我的第一個印象是個子雖小，但神定氣足，尤其是雙目炯炯，好像把你的心都照亮了。同時還有一個感覺，就是他是一個十分嚴肅，不苟言笑的人。但是這個感覺是完全錯誤的，不過等到我發現這個錯誤，那已是一兩年以後的事了。

當時新亞學生很少，而程度則參差不齊。在國學修養方面更是沒有根基，比我還差的也大有人在。因此錢先生教起課來是很吃力的，因為他必須儘量遷就學生的程度。我相信他在新亞教課決不能與當年北大、清華、西南聯大時相提並論。我個人受到他的教益主要是在課堂之外。他給我的嚴肅印象，最初使我有點敬而遠之。後來由於新亞師生人數很少，常常有同樂集會，像個大家庭一樣，慢慢地師生之間便熟起來了。熟了以後，我偶然也到他的房間裏面去請教他一些問題，這樣我才發現他真是「即之也溫」的典型。後來我父親也在新亞兼任一門西洋史，他常常和我們一家人或去太平山頂或去石澳海邊坐茶館，而且往往一坐便是一整天，這便是上面所引詩中的「猶記風吹水上鱗」了。錢先生那時偶然還有下圍棋的興趣，陳伯莊先生是他的老對手，因為兩人棋力相等。我偶然也被他讓幾個子指導一盤，好像我從來沒有贏過。

一年暑假，錢穆患嚴重胃潰瘍，孤零零躺在教室地上養病，內心卻渴望讀王陽明文集。

這樣打成一片以後，我對錢先生的認識便完全不同了。他原本是一個感情十分豐富而又深厚的人。但是他畢竟有儒學的素養，在多數情況下，都能夠以理馭情，恰到好處。我只記得有一次他的情感沒有完全控制好，那是我們一家人請他同去看一場電影，是關於親子之情的片子。散場以後，我們都注意到他的眼睛是濕潤的。不用說，他不但受了劇情的感染，而且又和我們一家人在一起，他在懷念着留在大陸的子女。但這更增加了我對他的敬愛。有一年的暑假，香港奇熱，他又犯了嚴重的胃潰瘍，一個人孤零零地躺在一間空教室的地上養病。我去看他，心裏真感到為他難受。我問他：有什麼事要我幫你做嗎？他說：他想讀王陽明的文集。我便去商務印書館給他買了一部來。我回來的時候，他仍然是一個人躺在教室的地上，似乎新亞書院全是空的。

我跟錢先生熟了以後，真可以說是不拘形跡，無話不談，甚至彼此偶而幽默一下也是有的。但是他的尊嚴永遠是在那裏的，使你不可能有一分鐘忘記。但這絕不是老師的架子，絕不是知識學問的傲慢，更不是世俗的矜持。他一切都是自自然然的，但這是經過人文教養浸潤以後的那種自然。我想這也許便是中國傳統語言所謂的「道尊」，或現代西方人所說的「人格尊嚴」。

這種尊嚴使你在他面前永遠會守着言行上的某種分寸，然而又不覺得受到什麼權威的拘束。說老實話，在五十年代初的香港，錢先生不但無權無勢，連吃飯都有困難，從世俗的標準看，那裏談得上「權威」兩個字？這和新亞得到美國雅禮協會的幫助以後，特別是新亞加入中文大學以後的情況，完全不同。我們早期的新亞學生和錢先生都是患難之交。以後，雅禮協會和哈佛燕京社都支持新亞了，香港大學又授予他榮譽博士學位，錢先生在香港社會上的地位當然遽速上升。但是就個人的親身體驗而言，錢先生則依然故我，一絲一毫也沒有改變。發展以後的新亞遷到了嘉林邊道。我仍然不時到他的房間裏聊天，不過常不免遇到許多形形色色的訪客。有一次，一位剛剛追隨他的文史界前輩也恰好在座，忽然這位先生長篇大段地背誦起文章來了。我沒有聽清楚是什麼，錢先生有點尷尬地笑，原來他背誦的是錢先生幾十年前在北平圖書館館刊上所發表的一篇文字。這一切都和錢先生本人毫不相干。一九六〇年春季錢先生到耶魯大學任訪問教授，我曾兩度去奉謁，他和錢師母也兩度到康橋來作客。他們臨行前，還和我們全家同去一個湖邊木屋住了幾天。我們白天划船，晚上還打麻將。這才恢復到我們五十年代初在香港的那種交遊。錢先生還是那麼自然、那麼率真、那麼充滿了感情，但也依然帶着那股令人起敬的尊嚴。

上面描寫的錢先生的生活的一面，我想一般人是不十分清楚的。我能比較完整地看到這一面也是由於特殊機緣造成的。錢先生從來不懂得譁眾取寵，對於世俗之名也毫無興趣，更不知道什麼叫做「製造社會形象」或「打知名度」。這些「新文化」是向來和他絕緣的。因此他不會在和人初相識時便有意要留下深刻的印象。他尤其不肯面對青年人說過分稱譽的話。除非有五十年代香港的那種機緣，錢先生的真面目是不易為人發現的。他對《論語》「人不知而不慍」那句話，深信不疑，而近於執着。五十年代初他和我閒談時也不知提到了多少次，但他並不是向我說教，不過觸機及此罷了。

上面說到我得到錢先生的教益主要是在課堂以外，這也有外緣的關係。我在新亞先後只讀了兩年半，正值新亞書院最艱困的時期，錢先生常常要奔走於香港與臺北之間，籌募經費。一九五〇年年底，他第一次去臺北，大約停留了兩三個月，好像五一年的春季，他沒有開課。五一年冬他又去了臺北，不久便發生了在聯合國同志會演講而禮堂倒塌的事件。錢先生頭破血流，昏迷了兩三天，幾乎死去。所以整個五二年春季他都在臺灣療養。五二年夏初，新亞書院舉行第一屆畢業典禮，我是三個畢業生之一。但錢先生還沒有康復，以致竟未能趕回香港參加。所以我上錢先生的課，一共不過一個半學年而已。事實上，我有機會多向錢先生私下請益是在他傷癒回港以後，也就是我畢業以後。

錢穆是開放型的現代學人，承認史學的多元性，但同時又擇善固執，堅持自己的路向。

大概在一九五〇年秋季開學不久，我為了想比較深入地讀《國史大綱》，曾發憤作一種鉤玄提要的工夫，把書中的精要之處摘錄下來，以備自己參考。我寫成了幾條之後，曾送呈錢先生過目，希望得到他的指示。這大概是我第一次在課外向他請教。錢先生的話我至今還記得。他說：「你做這種筆記的工夫是一種訓練，但是你最好在筆記本上留下一半空頁，將來讀到別人的史著而見解有不同時，可以寫在空頁上，以備比較和進一步的研究。」他的閒閒一語對我有很深的啟示，而且他透露出他自己對學問的態度。《國史大綱》自然代表了他自己對一部中國史的系統見解。但是他並不認為這是唯一的看法，而充分承認別人從不同的角度也可以得出不同的論點。初學的人，則應該在這些不同之處用心，然後去追尋自己的答案。用今天的話說，錢先生的系統是開放的，而不是封閉的。這個意思，他在《國史大綱》的「引言」和「書成自序」中也隱約地表示過，但是對我而言，究竟不及當面指點，直湊單微，來得親切。從此以後，我便常常警惕自己不能武斷，約束自己在讀別人的論著——特別是自己不欣賞的觀點——時，儘量虛懷體會作者的用心和立論的根據。

這次以後我曾不斷提出《國史大綱》中的具體論斷，請他說明為什麼要這樣說，而不那樣說。每一次都是我「小扣」，而他「大鳴」。我漸漸明白原來他多年在北大等校講授中國通史的過程中，讀遍了同時史學專家在一切重大關鍵問題上的研究文字，然後根據他自己的通史觀點而判定其異同取捨。有一次我們討論到西魏府兵制，他便向我說明他和陳寅恪的看法有何異同之處。他認為陳寅恪過分強調了宇文泰個人私心在府兵制成立上的作用，而他則寧可從胡漢勢力的消長上去着眼。他很推崇陳寅恪的貢獻，但認為專題考證的具體結論和通史所需要的綜合論斷未必能完全融合無間。我舉此一例，以見《國史大綱》並不易讀。因為錢先生寫通史時惜墨如金，語多涵蓄，其背後不僅是正史、九通之類的舊史料，而且也包含了整個民國時期的史學史。

我們討論的範圍幾乎無所不包，但重點總是在現代史學的演變方面。我從他的談論中，逐漸領悟到中國傳統學術一方面自有其分類和流變，另一方面又特別注重整體的觀點。這是「專」與「通」的大問題。但是這一傳統和現代西方學術的專門化趨勢接觸以後，引起了許多有關如何溝通和融化的困難，一時無法解決。如果單純地依照西方的分類，各人選一專門的範圍去進行窄而深的斷代研究，當然也會有成績。但在熟諳中國傳統的人看來，總不免有牽強和單薄之感。如果過分注重「通」的傳統，先有整體的認識再去走專家的道路，事實上又是研究者的時間、精力、聰明都不能允許的。錢先生走出了自己的獨特「以通馭專」的道路。現在大家都把他當作學術思想史家，其實他在制度史、沿革地理，以至社會經濟史各方面都下過苦功，而且都有專門著述。《國史大綱》中「南北經濟文化之轉移」三章尤其有絕大的見識，顯示了多方面的史學修養和現代眼光。在錢先生門下，以我所認識的人而言，嚴耕望先治政治制度史後治人文地理，都是受到錢先生的啟發和指導。一九五三年錢先生得到亞洲基金會的資助，在九龍太子道租了一層樓創辦研究所，這是新亞研究所的前身。當時只有三、四個研究生，我也在其中。但我當時的興趣是研究漢魏南北朝的社會經濟史，由錢先生任導師。錢先生仍一再叮嚀，希望我不要過分注意斷代而忽略貫通，更不可把社會經濟史弄得太狹隘，以致與中國文化各方面的發展配合不起來。這仍然是「通」與「專」之間問題，不過錢先生的道路並不是人人都能走得通的，所以這個大問題也一直沒有得到妥善的解決。他也承認這個問題恐怕無法統一解決，只有憑各人性之所近，分途摸索。也許等到新的研究傳統真正形成了，這個問題也就自然而然的化解了。這裏又顯示了錢先生治學的另一面：他是開放型的現代學人，承認史學的多元性，但是同時他擇善固執，堅持自己的路向。他並沒有陷入相對主義的泥淖。他相信，各種觀點都可以用之於中國史的研究，然而學術價值的高下仍然有客觀的標準，也不完全是時人的評價即能決定，時間老人最後還是公平的。所以，在他的談話中，他總是強調學者不能太急於自售，致為時代風氣捲去，變成了吸塵器中的灰塵。這便回到「人不知而不慍」那個老話題上去了。但是他承認三十年代的中國學術界已醞釀出一種客觀的標準，可惜為戰爭所毀，至今未能恢復。

錢穆畢生所發揮的是整個中國學術傳統，不是他個人的私見。

錢先生回憶民國以來中國學術界的變遷，對我也極有吸引力。最初我只是為了好奇心而向他追問各派的人物的性格和治學的長短及彼此間的關係。但久而久之，使我對民國學術思想史有了比較親切的認識。這一部分的知識更是書本上所找不到的。錢先生自民國十九年到北平以後，表面上他已進入了中國史學的主流。然而他的真正立場和主流中的「科學」考證或「史料學」又不盡相合。因此，他和反主流派的學人卻更為投緣，甚至左派學人中也不乏和他談得來的。例如杜守素便非常佩服他，范文瀾也十分注意他的著作。四十年代中，范文瀾開始編《中國通史簡編》，便頗取材於《國史大綱》，不過解釋不同而已。

此外如南方以中央大學為中心的史學家如繆鳳林、張其昀也和他交往很密切。錢先生不在任何派系之中，使他比較能看得清各派的得失；他又有自己的觀點，所以論斷鮮明，趣味橫生。一九七一年以後，我每次到臺北去看他，祇要話題轉到這一方面，他總是喜歡回憶這些學壇掌故。我曾一再請求他寫下來，為民國學術史留下一些珍貴的資料。這也許有助於他後來下決心寫《師友雜憶》。但是《雜憶》的文字還是太潔淨、太含蓄了。這是他的一貫風格。但讀者如果不具備相當的背景知識，恐怕很難體會到他的言外之意，更不用說言外之事了。

自從獲得錢先生逝世的消息，這幾十小時之內，香港五年的流亡生涯在我心中已重歷了無數次。有些記憶本已隱沒甚久，現在也復活了起來。正如錢先生所說，忘不了的人和事才是我們的真生命。我這篇對錢先生的懷念主要限於五十年代的香港，因為這幾年是我個人生命史上的關鍵時刻之一。我可以說，如果我沒有遇到錢先生，我以後四十年的生命必然是另外一個樣子。這就是說：這五年中，錢先生的生命進入了我的生命，而發生了塑造的絕大作用。但是反之則不然，因為錢先生的生命早已定型，我在他的生命史上則毫無影響可言，最多不過如雪泥鴻爪，留下一點淺淺的印子而已。

這篇文字在情感波動中寫出，無暇修飾，也不能修飾，但所記僅僅是一個輪廓。在結束之前，讓我敘述一個剛剛發生的故事，因為這個故事富有象徵的意義。

我在美國教學和研究已三十年，錢先生的著作當然是和我的工作分不開的。在我的朋友和學生之中，當然也有不少人因為我的指引才去細讀錢先生的著作。其中最明顯的當然是 Jerry Dennerline 前年（一九八八）在耶魯大學出版的《錢穆和七房橋的世界》。這是以《八十憶雙親》的譯注為基礎而寫成的專著。但是三十年來，我並沒有利用任何機會去宣揚錢先生的學術和思想，好像要造成一個「學派」的樣子。這也是本於錢先生的精神。同時，我深信「道假眾緣，復須時熟」之說，揠苗助長是有害無利的。而且錢先生畢生所發揮是整個中國學術傳統，不是他個人的私見。過分強調或突出他個人的作用，不是擡高或擴大他，而是降低或縮小他。他對章學誠「言公」和「謝名」的深旨，低迴往復，不能自已，其故正在於是。

我個人幾十年來也沒有直接寫到錢先生的機會，因為我在美國的教學和研究都不涉及近代和現代的人物與思想。一年多以前，我接受了瑞典諾貝爾委員會的邀請，在今年九月初參加一個討論世界各國「民族史的概念」(conceptions of national history) 的學術會議。我想借此機會聽聽其他國家的專家關於這個問題的意見，因此幾經考慮之後，決定參加。我的題目是「二十世紀中國民族史概念的變遷」，論文期限本在六月底，但因為我七月初回臺北開會，加上其他事情，一直延至最近才趕寫了出來。這篇文字從章炳麟、梁啟超開始，最後一位代表，恰好是錢先生。在我得到錢先生逝世消息的前幾個小時，我正在撰寫《國史大綱》所體現的民族史的意識。也許在他離開人世的那一剎那，就是我介紹《國史大綱》的時刻。這中間是不是有什麼感應之理呢？也許像我在上面所說的，由於他在我早期的生命中發生了塑造的力量，這種力量在他臨終前又從我的潛意識中湧現了出來。無論如何，這總是一種不可思議的巧合。但是使我倍加哀痛的是：我不能不對這篇文字作一次最後的修改，添上了他的卒年，並且把動詞改為過去式。

錢先生走了，但是他的真精神、真生命並沒有離開這個世界，而延續在無數和他有過接觸的其他人的生命之中，包括像我這樣一個平凡的生命在內。

一生為故國招魂
——敬悼錢賓四師

一生為故國招魂，當時搗麝成塵，未學齋中香不散。
萬里曾家山入夢，此日騎鯨渡海，素書樓外月初寒。

我的老師錢賓四先生逝世使我這兩天來的精神陷入一種恍惚的狀態，前塵往事，一一湧上心頭。我已寫了一篇〈猶記風吹水上鱗〉，記述我和他在香港時期的師生情誼，那完全是個人觀點的雜憶。現在再寫這一篇〈一生為故國招魂〉，是想扼要說明錢先生的學術精神。但這也祇能代表我個人對這一精神的初步瞭解，遠不足以概括錢先生在現代中國學術思想史上的貢獻和意義。任何人企圖對他的學術和思想作比較完整的評估，都必須首先徹底整理他所留下的豐富的學術遺產，然後再把這些遺產放在現代中國文化史的系統中加以論衡。這是需要長期研究才能完成的工作。我現在所以敢匆促間嘗試寫這篇文字，是由於我具有兩個基本條件：第一、錢先生的學術著作我確實讀得很仔細，有些更反覆體味過許多次。第二、我曾有幸列於他的門牆，四十年來，不但聽過他的正式講授，也和他先後有過無數次的討論。但是必須聲明，所有錢先生的弟子大概都具有上述兩個條件。而且在他的弟子之中，追隨他比我更久更密切也大有人在。因此我在下面所介紹的只能代表我個人的看法。不但如此，錢先生的學術精神是多方面的，我們從不同的角度出發便可以看到不同的精神。這正如蘇東坡筆下的廬山，所謂「橫看成嶺側成峰，遠近高低各不同。」我現在所強調的僅僅是他「為故國招魂」的一面。本文開頭所引的是我剛剛寫成的一副輓聯，我想用它來象徵錢先生的最終極而且也是最後的關懷。「未學齋」是錢先生的齋名之一，見《中國近三百年學術史》的〈自序〉；「素書樓」則指無錫七房橋的舊址，不是臺北外雙溪的那所樓宇，因為後者不過是前者的投影，而且今天已不復存在了。

十六歲萌發愛國思想與民族文化意識，深入中國史，尋找中國不會亡的根據……

錢先生自能獨立思考以來，便為一個最大的問題所困擾，即中國究竟會不會亡國？他在新亞書院多次向我們同學講演，都提到梁啟超的「中國不亡論」曾在他少年的心靈上激起巨大的震動。這篇文字主要是以「滄江」和「明水」兩人一問一答的方式寫成的。「明水」提出種種論證指出中國隨時有滅亡的危險，而「滄江」則逐條反駁，說中國絕無可亡之理。兩人的問答一層轉進一層，最後說到了中外的歷史，中國的國民性，直到「明水」完全為「滄江」所說服才告結束。後來我們讀《飲冰室文集》，才知道「滄江」是梁啟超，「明水」是湯覺頓。這篇文字的題目也不是「中國不亡論」，而是〈中國前途之希望與國民責任〉，最初，刊在宣統二年（一九一〇）的《國風報》上。一九一〇年，錢先生才十六歲，他的愛國思想和民族文化意識至遲已萌芽於此時，也許還可以追溯得更早一些。梁啟超這篇文字在當時激動了無數中國青少年的國家民族的情感。後來我讀到左舜生的〈我的少年時期〉，也提到他和一位同學夜讀這篇兩萬四千字的長文，至於欲罷不能而熱淚長流。但是錢先生和大多數青少年讀者不同，他讀了此文之後沒有走上政治救國的道路，而轉入了歷史的研究。他深深為梁啟超的歷史論證所吸引，希望更深入地在中國史上尋找中國不會亡的根據。錢先生以下八十年的歷史研究也可以說全是為此一念所驅使。

錢先生又屢次說過，他非常欣賞梁啟超所用「國風」這一源於《詩經》的名稱。不用說，他早年也受到了《國粹學報》（一九〇五—一九一一年）的影響，對於「國魂」、「國粹」（借自日文）、「黃帝魂」等流行觀念是同樣能夠欣然接受的。當時梁啟超〈讀陸放翁集〉有「兵魂銷盡國魂空」的名句，而高旭（天梅）的〈南社啟〉也說：「國有魂，則國存；國無魂，則國將從此亡矣。」又說：「然則國魂果何所寄？曰：寄於國學。欲存國魂，必自存國學始。」不過「五四」以後，這些觀念在知識界已不流行了。所以後來錢先生改用「中國歷史精神」這個觀念，意思還是一脈相通的。其實，「國魂」、「國粹」的觀念最初從日本開始，而日本人又受了德國人講「民族國家精神」的啟示，如蘭克 (Ranke) 便強調馬丁路德的宗教改革在更深的層次上是體現了日耳曼的民族精神。那時日本人編歐洲史教科書往往以蘭克為典範。王國維光緒二十六年（一九〇〇）撰〈歐羅巴通史序〉已明白指出。以上簡略的陳述不妨看作是錢先生「為中國招魂」的淵源所自。

「中國不會亡」的歷史根據何在？此一念當時便引申出了無數的歷史問題。《國粹學報》中人如劉師培根據斯賓塞的社會進化論，指出中國史上的治亂循環是因為進化的階段尚淺，西方則治了便不再亂。梁啟超寫《新史學》則有「二十四史非史也，二十四姓之家譜而已」的著名論斷。（按：以一史歸一姓，可見任公當時情感之激動。稍一尋思，豈非笑話。）這一觀念旋即為《國粹學報》中人所接受，並加以宣揚，流風至今猶在。至於中國二千年的政治是帝王專制，更是上帝在「最後審判」中所下的判決詞，毫無上訴的餘地。從此以後，中國人研究中國歷史都或明或暗地有一西方史的模式在背後作襯托。比較的歷史觀點本來是有利無弊的，但是比較如果演變為一方是進化的高級階段（西方），而另一方面則仍停留在較低的層次（中國），因此前者成為批判後者的絕對標準，那麼許多歷史和文化的歪曲便隨着發生了。清末民初的中國史學界還沒有發展到這樣嚴重的情況，但其傾向已極為明顯。因此國粹學派本身即包含了一個無可克服的內在矛盾。他們一方面在尋找中國的「國粹」、「國魂」，有人以為此「魂」寄託於歷史，有人以為哲學（儒家和諸子）即是「魂」，也有人以為文學才是「魂」的凝聚之地。但另一方面，他們對於當時以進化論為基調的西方社會學則視為天經地義。所以劉師培力證中國古代，也有石器、銅器、鐵器三級，鄧實則深信耕稼為君主專制的時代，工賈才是民主的時代，中國和西方的分別即在處於此二不同的階段。他更明白宣稱：「此黃人進化之階級，其與西儒之說抑何其吻合而無間也。」然而同一個鄧實卻又痛斥當時「尊西人若帝天，視西籍如神聖」的風尚。

承繼清末學人的問題，為尋求新的歷史答案而獨闢路徑……

他們當時解決矛盾的辦法大致有兩條路，第一條路是認定西方現代的基本價值觀念如民主、民權、自由、平等、社會契約等，在中國早已有之，這才是中國的「魂」，不過淹沒已久，必須重新發掘。另一條路是主張漢民族西來說。當時出於排滿的動機，幾乎人人都尊黃帝為中國人的始祖。中國的「國魂」也就是「黃帝魂」。那麼誰是黃帝呢？當時一個法國業餘學者提出一個理論：黃帝是近東王號的對音（Nakhunti），黃帝率領西方民族稱為巴克(Baks)者，先東遷至中亞，再入中國，征服土著。《尚書》所謂「百姓」即是「巴克」，而土著則是「黎民」。這種說法今天聽來似乎是天方夜譚，但當時第一流學人如章炳麟、劉師培等都篤信不疑，且運用他們的訓詁與古典的知識加以證立。章炳麟在〈序種姓〉一文中甚至直呼加爾特亞(Chaldea)為「宗國」。這個荒唐的理論後來卻又因為瑞典的安特生發現仰韶彩陶而得到加強，甘肅馬廠、辛店彩陶上的幾何花紋尤其與南歐所發見者相似。如中國的人種與文化源出西方，那麼中國人仍然處於現代世界的中心，而不在邊陲。這也給當時不少人提供了「中國不亡」的心理保證。

我之所以特別介紹「五四」以前這一段學術思想史的發展，主要是想為錢先生治史的動機與方向找出一種比較可靠的歷史說明。梁啟超、章炳麟、《國粹學報》派所提出的種種問題對錢先生實有支配性的影響。他深信中國文化和歷史自有其獨特的精神；這一點無疑是承清末的學風而來。我們可以這樣說：他承繼了清末學人的問題，但是並沒有接受他們的答案。他的一生便是為尋求新的歷史答案而獨闢路徑。《國史大綱．引論》所說的「於客觀中求實際，通覽全史而覓取其動態」，正是這一路徑的具體描寫。但這在他不是空論，而是實踐。他的主要學術著作全是針對着當時學術界共同關注的大問題提出一己獨特的解答，而他的解答則又一一建立在精密考證的基礎之上。清末康有為的《新學偽經考》支配了學術界一、二十年之久，章炳麟、劉師培雖與之抗衡，卻連自己的門下也不能完全說服。所以錢玄同以章、劉弟子的身分而改拜崔適為師。顧頡剛也是先信古文經學而後從今文一派。錢先生〈劉向歆父子年譜〉出，此一爭論才告結束。他也是因為這篇成名作而受聘於北大的。章炳麟、梁啟超提倡先秦諸子之學，風靡一世。胡適在美國寫英文本《先秦名學史》也是聞章、梁之風而起。但其中具體問題而未能解決者尚多。即以整體而論，諸子的先後淵源與系統，以及戰國史的轉變關鍵，也都在模糊不清的狀態。錢先生《先秦諸子繫年》一書則為諸子學與戰國史開一新紀元，貢獻之大與涉及方面之廣尤為考證史上所僅見。根據古本《竹書紀年》改訂《史記》之失更是久為學界所激賞。在這樣大規模的考證中，由於資料不足和推斷偶誤，自然不免有可以改正之處。他自己在再版時便增訂了兩百多條。最近考古發現當然又提供了足以補充此書的新材料，如《孫臏兵法》的出現即是一例。但全書大體決不因此等小節而動搖。這是一部考證之作，但卷首〈自序〉的文章則寫得擲地有聲。序末論戰國世局三變與學術四期一節更是考證、義理、辭章融化一體的極致。一九七八年我到中國大陸訪問，遇見一位中年的先秦史專家，他對這一節文字居然已熟讀成誦。這一點最使我驚異不已。因為錢先生在大陸受「批判」已三十年，白壽彝且曾撰文痛貶《先秦諸子繫年》。在這種氣氛下還有人能如此愛好此書，其引人入勝之處可想而知。

這裏我要指出：錢先生對於知識的態度，與中外一切現代史學家比，都毫不遜色。「五四」時人所最看重的一些精神，如懷疑、批判、分析之類，他無不一一具備。他自己便說道，他的疑古有時甚至還過於顧頡剛。但是他不承認懷疑本身即是最高價值。他強調：「疑」是不得已，是起於兩信不能決。一味懷疑則必然流於能破而不能立，而他的目的則是重建可信的歷史。許多人往往誤會他是徹底反對「五四」新文化運動的。事實上，他對於所謂「科學精神」是虛懷承受的，不過不能接受「科學主義」罷了。我們試一讀《國學概論》最後一章，便可見他確能持平。更值得注意的是在東西文化的爭論上，他並不同情梁漱溟的武斷，反而認為胡適的批評「足以矯正梁漱溟氏東西文化根本相異之臆說」。

錢先生所追求的從來不是中國舊魂原封不動地還陽，而是舊魂引生新魂……

在三十年代，錢先生是以擅考證見稱於世的，雖然他從來不掩飾他對於傳統文化的尊重，也不諱言他的考證是為了一個更高的目的服務——從歷史上去尋找中國文化的精神。他力排眾議，獨自承擔北大「中國通史」的教學，便是這一立場的鮮明表示。所以他為中國「招魂」是憑藉着他對中國文化的無比信念和他在中國史研究方面的真實貢獻，決非空喊幾聲「魂兮歸來」的方士之流所能相提並論的。正因如此，他的通史一課才能那樣吸引着學生。同時學人對錢先生的學術貢獻是怎樣評價的？由於中國沒有嚴格的書評制度，不易舉證說明。但是我們也偶然可以從間接的資料中找到線索。例如聞一多《古典新義》關於「神仙」、「楚詞」的考證中，便常常借助於《先秦諸子繫年》。聞一多後來在政治上激進化以後，把錢先生看作眼中釘，至斥之為「冥頑不靈」。所以他在學術上對錢先生的尊重自有客觀的意義。我最近在楊樹達的日記中偶然看到下面一則：

一九三四年五月十六日。出席清華歷史系研究生姚薇元口試會。散後，偕陳寅恪至其家。寅恪言錢賓四（穆）《諸子繫年》極精湛。時代全據《紀年》訂《史記》之誤，心得極多，至可佩服。（《積微翁回憶錄》，上海古籍出版社，一九八六年，頁八二）

這是陳、楊兩人私下的談話，當然更代表客觀的評論了。這裏要加以說明：《諸子繫年》是一九三五年才由商務印書館出版的。陳寅恪之所以得讀原稿，是因為顧頡剛建議送此稿至清華出版，為《清華叢書》之一，如馮友蘭《中國哲學史》之例。陳寅恪和馮友蘭都是審查人。但此事為馮友蘭所阻，清華沒有接受《諸子繫年》。楊樹達日記中又提到《中國近三百年學術史》：

一九四三年七月二十六日。閱錢賓四（穆）《近代三百年學術史》。「注重實踐」，「嚴夷夏之防」，所見甚正。文亦足達其所見，佳書也。（同上，頁二〇四）

楊樹達特別指出「文亦足達其所見」這一點，是有眼光的，因為錢先生在此書中每寫一家必儘量揣摹其文體、文氣而仿效之，所以引文與行文之間往往如一氣呵成，不着剪接之迹，但讀者若不留意或對文字缺乏敏感，則往往不易看得出來。

《中國近三百年學術史》特「嚴夷夏之防」，正是因為這部書在抗戰前夕寫成的。這時中國又面臨另一次「亡國」的危機。因此書中「招魂」的意識表現得十分明顯。但「招魂」意識全幅呈露的絕大著作必推《國史大綱》為第一。由於這是今天在海外依然暢銷的一部書，便不用我多作介紹了。至於《國史大綱》的內容複雜，論據隱而不露，因此不易通讀，我也在〈猶記風吹水上鱗〉一文中略有說明，此處不再重複。我只想指出，這部書的〈引論〉最初曾在昆明的報紙上單獨發表過，而引起巨大的反響。同情的讀者如陳寅恪稱許它是近年來少見的大文章，反對者也以它為駁論的根據。前面提到聞一多罵錢先生「冥頑不靈」的文字似乎便是讀了〈引論〉以後寫的。當時共產黨的宣傳人員固然對〈引論〉公開攻擊，不遺餘力，史料派的巨擘也在私下多所議論。錢先生關於中西文化與歷史的對比成為集矢之所在。其實，從錢先生個人的思想發展上看，〈引論〉正是對他早年所承受於國粹學派的種種問題一一提出了自己的答案。抗戰時期他曾在馬一浮的書院中討論過中國兩千年政治是不是君主專制的問題，這是針對當初梁啟超的論斷而發的。七十年代中，他也曾特別問過我：現在大陸考古對於甘肅彩陶問題得到了什麼樣的新結論。可見他仍然沒有忘記「中國文化西來說」。幾十年來他的用心一貫，〈引論〉則是他對於「中國魂」的新詮釋。為了說明中國史的獨特精神，他不能不以西方作為對照，這也是百年以來中國史學的共同傾向。中西對比是永遠得不到定案的，但又永遠不可能停止，因為這是傾向宏觀或整體論的中外人文學者所不易克制的一種「超越的衝動」。

錢先生為中國招魂當然沒有停止過，然而一九四九以後中國史進入了一個新的階段。中國的危險已不在於會不會「亡國」，而是會不會「亡天下」。照顧炎武的說法，「亡天下」便是中國文化的滅亡。所以他在這一階段的學術著作，如《莊子纂箋》和《朱子新學案》，也改變了招魂的方式。曾國藩「體莊用墨」，錢先生則是「體儒用莊」。他想通過《新學案》而重建現代儒學之「體」，通過《纂箋》而重顯莊生之用。《莊子纂箋．序目》中的話尤為沉痛。在「一馬之是期」的時代莊子又如何自處呢？最後他說：「若苟四十年來，漆園之書，尚能索解於人間，將不致有若是。天不喪斯文，後有讀者，當知其用心之苦，實甚於考亭之釋〈離騷〉也。」「亡國」是由於外敵，「亡天下」則是由於自己。中國百年來的悲劇則正是在於為了救國，反而陷入了「亡天下」的險境。這個不幸的可能性使他早在一九三〇年便開始憂慮。他在《國學概論》的最後一章說：

蓋凡此數十年來之以為變者，一言以蔽之，曰求救國保種而已。凡此數十年來之以為爭者，亦一言以蔽之，曰求救國保種而已。……然而有以救國保種之心，而循至於一切欲盡變其國種之故常，以謂凡吾國種之所有，皆不足以復存於天地之間者。復因此而對其國種轉生不甚愛惜之念，又轉而為深惡痛疾之意，而惟求一變故常以為快者。……則其救國保種之熱忱既失，而所以為變者，亦不可問矣。

他所舉的具體例子之一便是陳獨秀先後心理的轉變。

錢先生無疑是帶着很深的失望離開這個世界的，然而他並沒有絕望。他一生為中國招魂雖然沒有得到預期的效果，但是無論是世界的思潮或中國的知識氣候都和「五四」時代大不相同了。錢先生所追求的從來不是中國舊魂原封不動地還陽，而是舊魂引生新魂。今天已有更多的人會同意這個看法。他曾說過：「古來大偉人，其身雖死，其骨雖朽，其魂氣當已散失於天壤之間，不再能摶聚凝結。然其生前之志氣德行、事業文章，依然在此世間發生莫大之作用。則其人雖死如未死，其魂雖散如未散，故亦謂之神。」（《靈魂與心》，頁一一五）這段話完全可以用之於錢先生個人，但是也未嘗不能適用於中國這一集體。在這意義上，我們應該承當起錢先生的未竟之業，繼續為中國招魂。

一九九〇年九月二日

錢穆與新儒家

章學誠論「浙東學術」曾說過一句名言：「學者不可無宗主，而必不可有門戶。」錢賓四師一生治學大體上都遵守這一精神。錢先生逝世以後，報章上刊出了不少紀念文字，其中頗有人把他劃入「新儒家」的旗幟之下。一九八八年八月新加坡東亞研究所召開了一次「儒學發展的問題與前景」會議，我在會場上看到了一份大陸有關《現代新儒家叢書》的出版計畫，錢先生也占一專冊，錢先生是二十世紀的一位「新儒家」似乎已成定論了。

但是錢先生生前卻雅不願接受此「新儒家」的榮銜。這不僅因為他極力要避免建立任何「門戶」，而且更因為「新儒家」具有特殊涵義，不是他所能認同的。本文想對這一問題作一初步的澄清。

一、學術與門戶

論學不立門戶，是錢先生從早年到晚年一直堅持的觀點。他早年在學術界的成名之作是〈劉向歆父子年譜〉；這是對康有為《新學偽經考》的全面而有系統的駁斥。清末民初的學術界一直有今文經學和古文經學兩大壁壘的對峙。但錢先生雖摧破了今文經學，卻並未陷入古文經學。他認為今文、古文都是清儒主觀構造的門戶，與經學史的真相不盡相合。所以後來他在《兩漢經學今古文平議》的〈自序〉中說：

> 蓋清儒治學，始終未脫一門戶之見。其先則爭朱、王，其後則爭漢、宋。其於漢人，先則爭鄭玄、王肅，次復爭西漢、東漢，而今古文之分疆，乃由此起。

又說：

晚清經師，有主今文者，亦有主古文者。主張今文經師之所說，既多不可信。而主張古文諸經師，其說亦同樣不可信，且更見其為疲軟而無力。此何故？蓋今文古文之分，本出晚清今文學者門戶之偏見，彼輩主張今文，遂為今文諸經建立門戶，而排斥古文諸經於此門戶之外。而主張古文諸經者，亦即以今文學家門戶為門戶，而不過入主出奴之意見相異而已。……

本書宗旨，則端在撤藩籬而破壁壘，凡諸門戶，通為一家。經學上之問題，同時即為史學上之問題。自春秋以下，歷戰國，經秦迄漢，全據歷史記載，就於史學立場，而為經學顯真是。

錢先生著作中幾無處不致意於門戶之必不可有，而言之最明白暢曉者則首推此序。《朱子新學案》是他晚年最大的著作，他在這部書中則要打通理學內外各種門戶，因為祇有拆除種種門戶之後，我們才能看清朱子的真面目。所以〈自序〉說：

學者困於門戶之見，治理學則必言程、朱、陸、王。

又說：

學者又有經學、理學、乃及漢學、宋學之辨，此等皆不免陷入門戶。朱子學，廣大精深，無所不包，亦無所不透，斷非陷入門戶者所能窺究。本書意在破門戶，讀者幸勿以護門戶視之。

錢先生反覆強調門戶之見必須打破，這和他在學術上的「宗主」有密切的關係。他一向認為中國學術傳統以貫通和整合為其最主要的精神。經、史、子、集雖分為四部，四部之內又各有千門萬戶，但是所有部門都呈露中國文化的特性，因而也都可以互通。他常說，在中國學術史上，通儒的地位往往在專家之上。「通儒」自然是一種理想的境界，不是人人都能企及的。但每一時代總有少數人被推尊為通儒；凡是足當通儒之稱的大概都是較能破除門戶之見的學人。錢先生自己便是二十世紀國學界的一位通儒，經、史、子、集無不遍涉而各有深入。據他自敘為學的經過說：

入中學，遂窺韓文，旁及柳、歐諸家，因是而得見姚惜抱《古文辭類纂》及曾滌生《經史百家雜鈔》。民國元年余十八歲，以家貧輟學，亦為鄉里小學師，既失師友，孤陋自負，以為天下學術，無踰乎姚、曾二氏也。同校秦君仲立，年近五十，亦嗜姚、曾書，與余為忘年交。一日，忽問余：吾鄉浦二田先生，有《古文眉詮》，亦巨著，顧治古文者獨稱姚、曾不及浦，同是選鈔古文，其高下得失何在？余請問，秦君曰：我固不知，故舉以問君耳。嗣是遂知留心於文章分類選纂之義法。因念非讀諸家全集，終不足以窺姚、曾取捨之標的，遂決意先讀唐、宋八家，韓、柳方畢，繼及歐、王。讀《臨川集》論議諸卷，大好之，而凡余所喜，姚、曾選錄皆弗及。遂悟姚、曾古文義法，並非學術止境。韓文公所謂因文見道者，其道別有在，於是轉治晦翁、陽明。因其文漸入其說，遂看《傳習錄》、《近思錄》及黃、全兩《學案》。又因是上溯，治《五經》，治先秦諸子，遂又下迨清儒之考訂訓詁。宋、明之語錄，清代之考據，為姚、曾古文者率加鄙薄，余初亦鄙薄之，久乃深好之。所讀書益多，遂知治史學。（見《宋明理學概述・序》）

這一段自敘，極為親切，與章太炎〈自述學術次第〉相似。錢先生《師友雜憶》所記雖較詳盡，但論及治學的轉折不及此序之扼要。據此序，錢先生最初從文學入手，遂治集部。又「因文見道」，轉入理學，再從理學反溯至經學、子學，然後順理成章進入清代的考證學。清代經學專尚考證，所謂從古訓以明義理，以孔、孟還之孔、孟，其實即是經學的史學化。所以錢先生的最後歸宿在史學。前面引了他的話，在解決漢代今古文經學的爭論時，他是「就於史學立場，而為經學顯真是。」事實上，他無論是研究子學、文學、理學，也都是站在「史學立場」上。我們可以說，「史學立場」為錢先生提供了一個超越觀點，使他能夠打通經、史、子、集各種學問的千門萬戶。而且他的治學經驗更使他深切體會到：如果劃地自限，跼躅於某一特殊門戶之內，則對此門戶本身也不能得到比較完整的瞭解。錢先生畢生致力於破除門戶之見，更不肯自己另建門戶，其更深一層的根據便在這裏。

但是錢先生雖懸通儒之學為最高鵠的，卻同樣承認學術發展必然日趨分化、日趨專門。一部中國目錄校讎學史便是明證。門戶的出現正是這一發展的結果。經學之中有今文、古文，理學之外又有心學，凡此之類都是學術這一大家族在長期傳衍繁殖中所建立的支脈。所以錢先生決不是主張取消中國學問中已存在的門戶；他所反對的其實是門戶的偏見。（上引章學誠「必不可有門戶」之說，微有語病，其意仍指「門戶之見」。）學術門戶的成立自有其客觀的歷史根據，誰也不能任意加以抹殺。但持門戶偏見的人則不免過分誇張自己的門戶；他們往往高自位置，而卑視其他門戶，甚至以為天下之美盡在己。這種偏見必然導至曲解臆說。錢先生對於現代學術必須分途發展一點，有很明確的認識。他曾說：

> 今天的學問已是千門萬戶，一個人的聰明力量，管不了這麼多；因此我們再不能抱野心要當教主，要在人文界作導師。所謂領導羣倫，固是有此一境界；但一學者，普通卻也祇能在某一方面作貢獻。學問不可能祇有一條路，一方面，也不可能由一

人一手來包辦。今天豈不說是民主時代了嗎？其實學問也是如此，也得民主，不可能再希望產生一位大教主，高出儕輩，來領導一切。（見《中國學術通義》，臺灣學生書局，民國六十五年，頁三〇二）

可見他一方面戒學者勿陷入門戶的偏見，另一方面又強調現代學者祇能走專門化的道路，不能再妄想作「教主」或「導師」。這一段話可以幫助我們瞭解他所說的「通儒」（或「通才」）的涵義。他的「通儒」並不是和「專家」處於互不相容的地位。現代學者首先選擇一門和自己性情相近的專業，以為畢生獻身的所在，這可以說是他的「門戶」。但是學問世界中還有千千萬萬的門戶，因此專家也不能以一己的門戶自限，而儘可能求與其他門戶相通。這樣的「專家」，在他看來，便已具有「通儒」的思想境界。但「通儒」又不僅旁通於其他門戶而已，在旁通之外，尚有上通之一境。錢先生常說，治中國學問，無論所專何業，都必須具有整體的眼光。他所謂整體眼光，據我多年的體會，主要是指中國文化的獨特系統。一九五五年我初到美國，那時我的興趣偏向社會經濟史。錢先生在十月十七日的信中指示我：「弟在美盼能有機會多留心文化史及文化哲學一方面之研究。社會史經濟史必從全部文化着眼始能有大成就。」這是中國傳統所強調的「先識其大」。換句話說，專業上通於文化整體，或「藝」進於「道」，這才是「通儒」的最高境界。錢先生論通識與專業的關係大致和章學誠所說的「道欲通方而業須專一」（《文史通義．博約下》）甚為相近，我們不要認為這是中國傳統學術中的陳舊觀念，而加以輕忽。事實上，西方現代也同樣有「部分」與「整體」互通的要求。近幾十年來詮釋學逐漸從神學擴展到文學、哲學、史學等即是一顯例。

總之，在中國學問的領域內，錢先生一方面破除門戶之見，一方面又尊重現代的專業。這種似相反而實相成的論點是相對於一整體的觀念而成立的：門戶可以有高下大小之異，但同是此文化整體的門戶。因此沒有任何一個門戶有資格單獨代表整體。一切專業也都起於對此整體進行分途研究的需要，因此我們對於此整體的瞭解正有賴於各門專業的精進不已。錢先生所反覆致意的則是：研究中國學問的人無論從什麼專業入手都必須上通於文化整體，旁通於其他門戶。因為唯有如此，才能免於見樹不見林之病。

二、學問的宗主

上面，我們大致說明了錢先生關於中國學問傳統中「門戶」的看法。現在我們要進一步討論他在中國學問方面的「宗主」問題。祇有把這一層講清楚了，我們才能真正懂得錢先生為什麼不肯認同於「新儒家」。但是討論這個問題，下筆最費躊躇。錢先生學術思想方面的「宗主」決不是幾句話可以概括得盡的。我在這裏祇能就平時理解所及，略述錢先生為學的旨趣與抱負，而歸結到他對儒家的看法。

根據錢先生的回憶，在十歲那一年，他的體操老師錢伯圭對他說，中國歷史走了錯路，才有「合久必分，分久必合」的治亂循環。歐洲英、法諸國，合了便不再分，治了便不再亂。所以中國此後應該學西方。錢先生接着告訴我們：

余此後讀書，伯圭師此數言常在心中。東西文化孰得孰失，孰優孰劣，此一問題圍困住近一百年來之全中國人，余之一生亦被困在此一問題內。而年方十齡，伯圭師即耳提面命，揭示此一問題，如巨雷轟頂，使我全心震撼。從此七十四年來，腦中所疑，心中所計，全屬此一問題。余之用心，亦全在此一問題上。余之畢生從事學問，實伯圭師此一番話有以啟之。（見《八十憶雙親、師友雜憶（合刊）》，頁三三—三四）

這是一段十分珍貴的自傳材料，透露出錢先生治中國學問的最初動機。他受梁啟超「中國不亡論」的刺激還在此六年以後。其實錢伯圭這一番議論也淵源於梁啟超。梁氏在《新史學》（一九〇二年）中便最早援引社會進化論來駁孟子「一治一亂」的歷史循環論。

這一動機最後發展為他的「終極關懷」：他畢生治學，分析到最後，是為了解答心中最放不下的一個大問題，即面對西方文化的衝擊和中國的變局，中國的文化傳統究竟將何去何從？他在這一大問題上所獲得的系統看法，遍見於《國史大綱》以下的各種著作，不是三言兩語可以概括得盡的。我在這裏祇想提出兩點觀察：第一、錢先生雖然一生以闡發中國文化的現代意義自任，但是他並不是持中國文化與西方文化相抗衡，以拒斥現代的變革。相反的，他早年對西方的學術和思想毋寧是十分歡迎的。所以章太炎、梁任公、胡適之等人運用西方哲學和史學方法研究先秦諸子，曾受到他的推重。以胡適《中國哲學史大綱》而言，錢先生一方面固嫌其疏闊，但另一方面卻充分承認「其書足以指示學者以一種明確新鮮之方法」（見《國學概論》下冊，頁一四二—一四三）。他甚至說：

清儒尊孔崇經之風，實自（章、梁、胡）三人之說而變。學術思想之途，因此而廣。啟蒙發凡，其說多疏，亦無足怪。論其轉移風氣之力，則亦猶清初之亭林、黎洲諸家也。（同上，頁一四四）

這樣的話難道能出自一味頑固保守的人之口嗎？事實上，二十世紀中國思想史上幾乎找不到一個嚴格意義的「保守主義者」，因為沒有人建立一種理論，主張保守中國傳統不變，並拒絕一切西方的影響。從所謂中體西用論、中國文化本位論，到全盤西化論、馬列主義，基本取向都是「變」。所不同的僅在「變」多少、怎樣「變」以及「變」的速度而已。因此接近全變、速變、暴變一端的是所謂「激進派」，而接近漸變、緩變一端的則成了「保守派」。(詳見我的〈中國近代思想史上的激進與保守〉，香港中文大學二十五周年演講專輯，《中文大學校刊》附刊十九，此文現已收入本書。）下面這一段話透露了錢先生關於「變」的看法：

中國傳統政制，雖為今日國人所詬詈，然要為中國之傳統政制，有其在全部文化中之地位，無形中仍足以支配當前之中國。誠使中國傳統政制，尚有一些長處，尚有一些精義，豈得不為之洗發。儻能於舊機構中發現新生命，再澆沃以當前世界之新潮流，注射以當前世界之新精神，使之煥然一新，豈非當前中國政治一出路。(見《政學私言》，重慶，商務印書館，民國三十四年，頁九)

這裏所說的雖僅是政制，但其原則同樣可以旁通於其他方面，並上推至中國文化的全體系。錢先生顯然也主張中國傳統必須結合世界「新潮派」、「新精神」以求「變」。然而他要求我們在「變」之前，首先對中國的文化傳統有一真切的瞭解。他一生獻身於中國史，特別是學術思想史的研究，與其說是為了維護傳統，毋寧說是為了傳統的更新而奠定歷史知識的基礎。這便是上文所引「於舊機構中發現新生命」一語的本旨所在。他在逝世前兩年（一九八八）也曾明白地說：「余之所論每若守舊，而余持論之出發點，則實求維新。」（《國史新論．再版序》）

這裏引出我的第二點觀察。錢先生中年以後，學問的宗旨確立，從此他對中國文化傳統的生命力抱着無比堅定的信心。這一信心建立在兩個基礎之上：第一是他自己長期研究所創獲的歷史知識；第二是兩次世界大戰所暴露的西方文化的危機。前者使他看清了中國文化自成一獨特的系統，並非如時人所云，中國和西方的不同在於落後了整整一個進化的階段。當時仍然支配着中國史學界的實證論觀點（包括《國史大綱．引論》中所指的「革新派」和「科學派」）對於錢先生已不能發生限制作用了。西方文化的危機更使他認識到中國的前途決不能寄托在「一切向西方學習」這種幼稚的想法上面。他從十歲起，便為中國治亂循環而近代西方則有治無亂之說所困。但西方在短短二十年間竟爆發兩次大戰，他再也不能相信嚴重的文化問題僅僅發生在中國而不在西方了。

錢先生自《國史大綱》起才公開討論中西文化問題。他以鮮明的民族文化的立場表明了他在學問上的「宗主」。面對西方文化的挑戰，中國文化自不能不進行調整和更新，但是調整和更新的動力必須來自中國文化系統的內部。易言之，此文化系統將因吸收外來的新因子而變化，卻不能為另一系統（西方）所完全取代。他稱這種變化為「更生之變」：「所謂更生之變者非徒於外面為塗飾模擬，矯揉造作之謂，乃國家民族內部自身一種新生命力之發舒與成長。」（《國史大綱．引論》）他還進一步相信，祇有這一文化系統在經過現代洗汰之後仍能保持其傳統的特色，中國才算是真正獲得了新生。他早年為三民主義的設計所吸引，晚年甚至對「中國社會主義」的提法也發生過興趣，都是因為他希望看到某些傳統的價值能夠通過現代化而落實在政治社會制度之中。（見《國史新論》，臺北，一九八九年增訂版，頁五七｜六九）。

但是錢先生畢竟是史學家而不是政治家，除了《政學私言》一書以外，他也很少論及實際政治社會的設施。他一生的主要貢獻是在指示我們怎樣去認識中國的文化系統及其流變。在前一節中，我們已指出錢先生強調「道欲通方，而業須專一」的精神，這和他把文化看成一整體系統有密不可分的關係。從整體系統的觀點出發，他最關心的是怎樣發掘出中國文化傳統的特徵，因此往往以西方文化作為對照。他否認我們已發現了普遍的歷史規律，可以同樣適用於中國和西方。相反的，中國和西方各成一獨特的文化系統，也各有其歷史發展的階段。他不斷試圖通過大綱節上的對照以凸顯中國文化的整體精神。但是文化系統的範圍太大、內容太複雜，不允許我們輕率地「一言以蔽之」，所以分門別戶的專業研究決不可少。如果文化確是一整體系統，那麼其中每一部分，每一面相也都必然體現同一精神。從一粒沙也未嘗不能看見整個世界。用今天的話來說，錢先生所提倡的是「宏觀」和「微觀」交互為用。他自己的工作便提供了最有力的證據。《國史大綱》以三十萬字概括了中國史的全程固然是宏觀的大手筆，《朱子新學案》以百萬言分析朱熹一人的思想和學術的發展則更是微觀的極致。但是我們如果真想在這兩部極端相異的著作中獲得啟發，則讀前一書時必須特別注意其中微觀的根據，而讀後一書時卻必須隨處留心其宏觀的涵義。

錢先生在宏觀層面所下的論斷不少，而且往往引起爭論。但這是宏觀史學的必然後果。

籠罩面極廣、抽象度極高、以及觀察的角度極多，這些都是宏觀史學的基本特徵。因此宏觀不可能避免見仁見智的問題。然而宏觀畢竟是不可廢的，除非我們祇承認有一棵棵的樹，而不承認有一片森林。錢先生的宏觀論斷無論在價值取向上是「守舊」還是「維新」，都能從多方面闡明中國文化傳統的特性。大致說來，他不承認所有的文化都遵照同一模式而發展，並必然經過相同的進化階段。因此中西文化之異，在他看來，決不在於中國比西方落後了一個歷史階段，即仍處於「中古」或「封建」時代。相反的，中國與西方是不同型態的兩種文化，因此也各有各的發展階段。中西文化不同型說並非自錢先生始，清末民初以來便已不斷有人提及。梁漱溟在《東西文化及其哲學》中更作了系統的陳述。但錢先生論中國文化所採取的立場不是哲學而是史學。他不相信一部中國文化史可以化約為幾個抽象的觀念。從歷史的立場出發，他不但分別從政治、經濟、社會、學術、宗教、文學、藝術，以至通俗思想等各方面去探究中國文化的具體表現，而且更注意各階段的歷史變動，特別是佛教傳入中國以後所激起的波瀾及其最後與中國文化主流的融合。一言以蔽之，他所走的是一條崎嶇而曲折的史學研究之路，其終極的目標是要在部分中見整體，在繁多中見統一，在變中見常。

錢先生的史學路向是與當時的主流相背的，但是他也不是完全孤立無援。在第一流中國史學家中，湯用彤和陳寅恪便和他的觀點甚為接近。湯先生基本上相信每一文化都有它的特點和發展的方向，外來的文化思想雖然可以影響本地的文化，但還不致於根本改變它的原有精神。而且外來文化思想也必須改變到可以與本地文化相融合的地步才能發生作用。他以佛教為例，說明「天台、華嚴二宗是中國自己的創造，故勢力較大。法相宗是印度道地貨色，雖然有偉大的玄奘法師在上，也不能流行很長久。」（見〈文化思想之衝突與調和〉一文，收入《往日雜稿》，中華書局，一九六二年）陳寅恪持論也完全相同，他指出六朝的道教和宋代的新儒家都是中國文化善於改造並消化外來思想（佛教）的史例。陳先生顯然也斷定中西文化屬於兩種截然不同的型態。他曾充滿信心地預測：

> 竊疑中國自今日以後……其真能於思想上自成系統，有所創獲者，必須一方面吸收輸入外來之學說，一方面不忘本來民族之地位。此二種相反而適相成之態度，乃道

教之真精神，新儒家之舊途徑，而二千年吾民族與他民族思想接觸史之所詔示者也。（見「馮友蘭《中國哲學史》審查報告三」）

這個著名的預言尤其與錢先生一貫的看法若合符節。在三十年代和四十年代，中國史學界仍在實證論和進化論的支配之下（馬克思主義更把這兩種觀點推到了極端），因此錢先生和湯、陳兩先生所共持的文化觀在當時不易得到積極的反響。但今天實證史學在西方早已脫去早期那種粗糙的面目，沒有人再堅持西方文化代表一普遍的模式，可以有效地概括一切非西方的文化；也沒有人相信「普遍的歷史規律」之說了。最近「解釋人類學」和「詮釋學」的流行使文化研究轉而注重內在「意義」的尋求，詮釋學家中更有人強調「傳統」的特殊重要性。在人文研究的領域中，「傳統」正是內在理解的關鍵所在。因為凡是有生命力的「傳統」都必然是變動而開放的，研究者自覺地深入一個文化的「傳統」之中，才能理解這個文化的種種外在象徵所顯示的內在意義。總之，今天研究文化，客觀的實證和主觀的體會兩者不可偏廢，因此研究者必須一方面出乎其外，另一方面又入乎其內，最後才可能達到主客的統一。必須出乎其外，即蘇東坡所謂「不見廬山真面目，只緣身在此山中」；必須入乎其內則是元遺山所謂「畫圖臨出秦川景，親到長安有幾人」。出乎其外的道理，人人都懂得，因為這是實證論者所一向強調的。入乎其內的說法，今天才獲得較多的人的重視。人類學家所說的 "being there" 便是要求研究者「親到長安」。錢先生對於中國文化和歷史的研究正是主張由內外兼修以求主客統一（他在這一問題上的具體討論略見〈評胡適與鈴木大拙討論禪〉，收入《中國學術思想史論叢(四)》，臺北，東大圖書公司，一九七八年）。他的宏觀論斷在四十年代的中國史學主流派和馬克思主義派中引起的爭議，主要便起於實證論的思維模式專取出乎其外的客觀，而否定內在的主觀理解在史學研究上的作用。錢先生推論歷史事象的內在的文化意義自然不是他們所能接受的。但在九十年代的今天，錢先生的史學取向已是觸處可見，反而引不起四十年前那樣強烈的反響了。

三、儒學觀

錢先生既以抉發中國歷史和文化的主要精神及其現代意義為治學的宗主，最後必然要歸宿到儒家思想。他生平著述之富及所涉方面之廣，近世罕見其匹，但其重心顯然是在學術思想史方面，其中尤以儒學史的研究佔據了最重要的份量。他研究儒家思想也和中國文化的其他方面一樣，是結合了外在的客觀實證和內在的主觀理解。毋庸諱言，對於錢先生來說，儒家並不僅是客觀研究的對象，而是中國人的基本價值系統。他對儒家的看法可以分兩個層次來說。第一是歷史事實的層次；第二是信仰的層次。讓我們先說第一層次。儒家的價值系統在過去兩千多年中通過種種典章制度而規範了中國人的生活的各方面。這是無可否認的歷史事實。但是在這個層次上，他有一個重要的具體論點值得特別指出來：即儒家的價值系統並不是幾個古聖昔賢憑空創造出來而強加於中國人的身上的。相反的，這套價值早就潛存在中國文化——生活方式之中，不過由聖人整理成為系統而已。正是由於儒家的價值系統是從中國人的日常生活中提煉出來的，所以它才能反過來發生那樣深遠的影響。錢先生早年曾特別稱賞章學誠在〈原道〉篇所提出的「聖人學於眾人」的創見。章氏說：「聖人求道，道無可見，即眾人之不知其然而然，聖人所藉以見道者也。」（《文史通義．原道上》）他認為這是章氏「所持最精義理。」（見《中國近三百年學術史》，頁三八二）其實這也正是他自己的看法。他晚年在〈論春秋時代人之道德精神〉中說：

在有孔子儒家以前，忠孝兩德，早在中國社會實踐人生中，有其深厚之根柢。孔子亦僅感激於此等歷史先例，不勝其深摯之同情，而遂以懸為孔門施教之大綱。若謂孔子在當時，乃無端憑空提倡此一種理論，而始蔚成為中國社會此後之風尚，而始目之曰道德，此則遠於事理，昧於史實。試問孔子亦何從具此大力，一憑空言，而獲後世人人之樂從乎？（見《中國學術思想史論叢㈠》，臺北，東大圖書有限公司，一九七六年，頁一九六）

「聖人學於眾人」的觀念儒家早已有之，《中庸》「君子之道費而隱」章即是此意。王陽明所謂「與愚夫愚婦同的是謂同德」也淵源於此。錢先生的特殊貢獻則在把此一觀念歷史化了。這一具體論點十分緊要。他從不肯摭拾經典中一二語來概括儒家思想，而再三致意於儒家在各歷史階段的新發展，其根據便在這裏。中國人的生活在兩千多年中不斷變化，儒家思想自然也不可能靜止不動。但這並不是說，儒家思想僅僅被動地反映生活現實，而是說，儒家在各歷史階段都根據新的生活現實而更新其價值系統，使之能繼續發揮引導或軌範的作用。因此他一再推重朱子註《四書》以取代《五經》是儒學史上一件大事。這一見解也顯然受到章學誠的啟發。章氏云：「夫道備於六經，義蘊之匿於前者，章句訓詁足以發明之；事變之出於後者，六經不能言，固貴約六經之旨而隨時撰述以究大道也。」（〈原道下〉）事實上，錢先生的許多著作也都可以作如是觀，即「約六經之旨」以闡發儒家在二十世紀的意義。

但是儒家對於錢先生而言，並不是一種歷史上的陳跡，僅足供客觀研究的對象。更重要的，儒家是他終身尊奉的人生信仰；自少至老他都對儒家抱着深厚的感情。這便是我在前面所說的第二個層次——信仰的層次。

在這個層次上，他深信儒家的價值系統不但是造成中國民族悠久與廣大的一個主要動力，而且仍然可以為中國的現代化提供一個精神的基礎。在他看來，儒家的價值系統無論對於社會或個人都有潛移默化的積極功能。就社會而言，中國自秦漢以下大體上便沒有森嚴的階級制度；社會上既沒有世襲的貴族階級，也沒有歐洲在十八、九世紀尚普遍存在的農奴階級。所以歐洲各國從「舊秩序」轉變為現代社會都必須正式頒佈農奴解放(Emancipation)的法令。這一現象在中國近代史上根本便不存在。這一差異是不容忽視的。（胡適雖以攻擊中國傳統著稱，但他也承認：「我們的社會組織，因為脫離封建時代最早，所以比較的是很平等的、很平民化的。」見《胡適論學近著》，頁四九六）。中國的行政官員，自漢代始，即由全國各地選拔而來，並以德行和知識為絕對的標準，這是世界文化史上僅見之例。在其他前近代的社會中，政治權力無不由一特殊階級把持，其所憑藉的或是武力（軍人）、或是身分（貴族）、或是財富（早期資產階級）。中國的「士」階層則與農、工、商同屬平民，「四民」之間至少在理論上是可以互相流動的。這一制度更顯然直接源於儒家「選賢與能」的價值系統。不管科舉制度在實踐中發生過多少流弊，它在比較文化和社會史上的獨特意義是無可否認的。西方社會學家由於沒有現代中國人的反傳統的意識，因此反而有人對這一獨特現象感到深刻的興趣。

以上僅舉制度史一二端，並略作說明，以見錢先生對於儒家的信仰所持的根據。懂得他的根據所在，我們才能瞭解他為什麼堅決反對以「封建」兩字概括中國的傳統社會，以「專制」兩字概括政治體制。錢先生駁斥「封建」一詞在現代中國史學上的濫用，論據明確。所以西方漢學家也曾援引其說，認為中國西周的「封建」已不能與西方中古封建制度相比附，秦漢以後更不必說了。(見 Arthur F. Wright, "Generalization in Chinese History" 一文所引《國史新論》之說，收在 Louis Gottschalk 主編 *Generalization in the Writing of History*，芝加哥大學出版社，一九六三年，頁五三—五四)。至於「君主專制」的問題，則較為複雜。此說經梁啟超的大力宣揚之後，已深入人心，孫中山也接受此一論斷。但是錢先生並不否認中國史上有「一個迹近專制的王室」，也承認元、清「兩朝政制，更趨於專制黑暗」(皆見《政學私言》，頁九—一〇，又頁一〇三)。在《國史大綱》中，他更明白指出明代是「君主獨裁」(見第三十六章)。據我反覆推究的結果，我以為錢先生所強調的其實是說：儒家的終極政治理論與其說是助長君權，毋寧說是限制君權。基於儒家理論而建立的科舉、諫議、封駁等制度都有通過「士」權以爭「民」權的涵義。(因「士」為「四民之首」。有趣的是胡適在一九四一年的一篇英文講演中也強調中國歷史上有三個因素，可以成為民主的基礎，即社會上無森嚴的階級、科舉制度、和諫官制度。見 Hu Shih, "Historical Foundations for a Democratic China", Edmund J. James, *Lectures on Government*, University of Illinois, 1941.）他特別重視孫中山在西方三權之外再增設「考試」和「監察」二權，以上接中國的政治傳統。這正是由於他深信儒家的政治理論有一個合理的內核，可以與現代的民主相銜接。這是一個屬於整體判斷的大問題，自然不能沒有見仁見智之異。錢先生由於針對流行的「君主專制」說作反駁，行文之間難免引起誤會，好像他斷定傳統的儒家政治即是「民主」。有些爭議便是這樣引發的（例如蕭公權〈中國君主政體的實質〉一文，現已收入他的《憲政與民主》，臺北，聯經，一九八二年，頁六〇—七七）。但是如果不以辭害意，我們不妨說：錢先生認為在儒家思想的指引之下，中國行政官吏的選拔早已通過科舉制度而建立了客觀而公開的標準，既非任何一個特權階級（如貴族或富人）所能把持，也不是皇帝所能任意指派的。在這個意義上，他自然無法接受「封建」或「專制」那種過於簡化的論斷。其實這個意思和韋伯(Max Weber)觀點大有相通之處。韋氏認為近代西方各國官僚制度的建立最初與民主的發展有平行的現象。由於行政官吏的任用，採取了客觀的標準，因而打破了貴族的壟斷和私人的關係，結果是被統治的人民在政體面前平等化了。這種政體本身不必即是民主的，甚至依然是專制的，但這一發展還是向民主走近了一步。所以他稱之為「消極的民主化」(passive democratization)。值得注意的是韋伯所舉的史例主要都是近代西方的，而其中卻包括了中國的科舉任官制在內。不但如此，他還特別指出中國的制度至少在理論上更為嚴格。(見 Max Weber, *Economy and Society*, edited by Guenther Roth and Claus Wittich，加州大學出版社，一九七八年，頁九八四－九八五)

錢先生的儒家信仰在下面這一段自敘中寫得尤其親切。他說：

顧余自念，數十年孤陋窮餓，於古今學術略有所窺，其得力最深者莫如宋明儒。雖居鄉僻，未嘗敢一日廢學。雖經亂離困阨，未嘗敢一日頽其志。雖或名利當前，未嘗敢動其心。雖或毀譽橫生，未嘗敢餒其氣。雖學不足以自成立，未嘗或忘先儒之榘矱，時切其嚮慕。雖垂老無以自靖獻，未嘗不於國家民族世道人心，自任其匹夫之有其責。雖數十年光陰浪擲，已如白駒之過隙，而幼年童真，猶往來於我心，知

> 天良之未泯。自問薄有一得，莫匪宋明儒之所賜。顧三十以後，雖亦粗有撰述，終於宋明理學，未敢輕有所論著。……平居於兩《學案》最所潛心，而常念所見未切，所悟未深，輕率妄談，不僅獲罪於前儒，亦且貽害於當代。故雖私奉以為潛修之準繩，而未敢形之筆墨，為著作之題材也。（《宋明理學概述・序》）

可見以人生信仰而言，錢先生確是一位現代的儒家，因為自幼至老他所嚮往的是儒家的精神境界，所奉持的也是儒家的立身原則。

作為一套信仰系統，儒家自然具有宗教性的一面。但儒家畢竟與一般意義下的宗教不同，它的基本方向是入世的。韋伯研究世界各大宗教的經濟倫理，必列儒家為首，即因其對此世持最肯定的態度。（詳見 Wolfgang Schluchter, "Weber's Sociology of Rationalism and Typology of Religious Rejections of the World"，英譯本收在 Sam Whimster and Scott Lash 合編 *Max Weber, Rationality and Modernity*, Allen & Unwin, 1987，特別是頁一〇九－一一三。）儒家的入世教義因此又有其與世推移與變化的一面；這一面的研究則必須採取歷史的觀點。錢先生在信仰層面當然承認儒家有其歷久而彌新的常道（雖然不能用幾句話來加以概括），但是他的史學的立場則使他把儒家看成一個不斷與時俱新的活的傳統。他在這一方面有獨到的見地，與當代所謂新儒家取徑迴異。

錢先生對於儒學史的分期發展曾先後在各種著作中談到，但最有系統也最具代表性的當推他在一九六一年〈中國儒學與文化傳統〉的一篇講詞（收在《中國學術通義》中）。他在此講中把儒學分為六期。大略言之，第一、先秦是創始期。第二、兩漢是奠定期，以經學為主，而落實在一切政治制度、社會風尚、教育宗旨以及私人修養之中。第三、魏晉南北朝是擴大期，不但有義疏之學的創立，而且擴大到史學，從此經、史並稱。第四、隋唐是轉進期，儒學在經、史之外又向文學轉進，杜甫之詩與韓愈之文都為儒學別開生面。第五、宋元明是儒家之綜匯期與別出期。所謂綜匯，指上承經、史、詩文的傳統而加以融匯；所謂別出，則是理學。第六、清代儒學仍沿綜匯與別出兩條路進行，但內容已大不相同。尤其清儒的別出在考據而不在理學，至於晚清公羊學的興起則更是別出中之別出了。

據以上的分期及其所持標準，可見錢先生的儒學史具有兩個特點：第一是他完全依照中國學術思想史內在演變的脈絡而分期，不涉及與西方的比附。第二是他顯然認為儒學是一直在發展與擴大之中，並不限於所謂「哲學」的領域。宋明理學和清代考據之所以「別出」，即在其為突破性的新發展，使儒學的內容更為豐富，但並沒有取代「擴大」與「綜匯」的大潮流。

這裏最值得注意的是他對「道統」的看法。他說：

此刻要談到中國後半部儒學史中之所謂道統問題。因凡屬別出之儒，則莫不以道統所歸自負。此一觀念，實由昌黎韓氏首先提出。〈原道〉云：「堯以是傳之舜，舜以是傳之禹、湯、文、武、周公，文、武、周公傳之孔子，孔子傳之孟子，孟子之死，而不得其傳。」（英時按：這是口頭徵引，故文字與原文小異。）韓氏則隱然以此道統自負。此一觀念，顯然自當時之禪宗來，蓋惟禪宗才有此種一線單傳之說法，而到儒家手裏，所言道統，似乎尚不如禪宗之完美。因禪宗尚是一線相繼，繩繩不絕；而儒家的道統變成斬然中斷，隔絕了千年以上，乃始有獲此不傳之秘的人物突然出

現。（《中國學術通義》，頁九二）

錢先生對宋明理學十分推重，這是毫無可疑的。但他不能接受理學家的道統觀，並且指明其說出於韓愈模襲禪宗。這是因史學求真實而不得不然。一九五四年陳寅恪在〈論韓愈〉一文中已根據韓愈早年經歷而獲得同樣的結論。陳氏說：

退之從其兄會謫居韶州，雖年頗幼小，又歷時不甚久，然其所居之處為新禪宗之發祥地，復值此新學說宣傳極盛之時，以退之之幼年穎悟，斷不能於此新禪宗學說濃厚之環境氣氛中無所接受感發。然則退之道統之說表面上雖由《孟子》卒章之言所啟發，實際上乃因禪宗教外別傳之說所造成，禪學於退之之影響亦大矣哉！宋儒僅執退之後來與大顛之關係，以為破獲贓據，欲奪取其道統者，似於退之之一生經歷與其學說之原委猶未達一間也。（見《金明館叢稿初編》，頁二八六）

引文末句論宋儒即指朱子，事見《韓文考異》卷五〈與孟尚書書〉論「胸中無滯礙」條。

錢先生不但不取韓愈所首創的道統觀，而且還提出了他自己對於道統的新理解，故他說：

關於宋明兩代所爭持之道統，我們此刻則只可稱之為是一種主觀的道統，或說是一種一線單傳的道統。此種道統是截斷眾流，甚為孤立的；又是甚為脆弱，極易中斷的；我們又可說它是一種易斷的道統。此種主觀的、單傳孤立的、易斷的道統觀，其實紕繆甚多。若真道統則須從歷史文化大傳統言，當知此一整個文化大傳統即是道統。如此說來，則比較客觀，而且亦決不能只是一線單傳，亦不能說它老有中斷之虞。（《中國學術通義》，頁九四）

以「整個文化大傳統即是道統」正和他對儒學史的發展與擴大的看法完全相符。以現代的話來說，這是思想史家的道統觀，而不是哲學家的道統觀。錢先生和當代「新儒家」的分歧在這裏已充分顯露出來了。

四、與新儒家的關係

現在我們要進而檢討錢先生和「新儒家」的關係。首先「新儒家」究竟何指必須加以澄清。最近五、六年來，由於中國大陸學術界對於海外儒學研究發生了濃厚的興趣，「新儒家」的名號也開始在大陸流行。據最近的報導，一九八六年「現代新儒家思潮研究」已成為官方批准的重點研究項目，一九八七年更初步確定以梁漱溟、張君勱、熊十力、馬一浮、馮友蘭、賀麟、唐君毅、牟宗三、徐復觀、錢穆、方東美為重點研究對象。不但如此，有關「新儒家」的「學案」、「論集」、「論叢」、「論著輯要」等已大批出版，或即將問世。（見鄭家棟〈大陸近年來的新儒學研究與我的一點認識〉一文，刊於香港《法言》，一九九〇年十二月號，頁三二—三八）可見大陸學術界對於「新儒家」一名的使用是非常廣泛的。（出乎意料之外，據上引之文，連我的一些文字也收入了《現代新儒學論著輯要》之內。）其次，把範圍再縮小一點的，則將「新儒家」限定在哲學一門之內。例如李澤厚〈略論現代新儒家〉一文便只討論了熊十力、梁漱溟、馮友蘭、牟宗三四個人，而沒有包括錢先生和

徐復觀，因為後面兩人都是史學家。（此文收在他的《中國現代思想史論》，北京，東方出版社，一九八七年，頁二六五—三一〇）

但是以「新儒家」的名號指二十世紀的思想流派，其事起於海外，特指一九五八年元旦張君勱、唐君毅、牟宗三、徐復觀四位先生在香港《民主評論》上所發表的一篇宣言——〈中國文化與世界——我們對中國學術研究及中國文化與世界文化前途之共同認識〉（可參考張灝用英文討論「新儒家」和他們的「宣言」的文章。「新儒家」在此文中譯作 New Confucianism。見 Hao Chang, "New Confucianism and the Intellectual Crisis of Contemporary China"，收在 Charlotte Furth 主編 *The Limits of Change*，哈佛大學出版社，一九七六年，頁二七六—三〇二）這篇「宣言」是由唐君毅先生起草的，經過其他三先生斟酌討論，然後定稿。但「宣言」的四位簽名者之中，唐、牟、徐三人都是熊十力的弟子，而「宣言」中特別強調「心性之學，乃中國文化之神髓所在」也明顯地透露出熊十力的基本觀點（關於這一點，可參看劉述先〈當代新儒家思想的批評的回顧與檢討〉，收在《大陸與海外》，臺北，允晨，一九八九年，頁二三七—二五七）。所以嚴格言之，「新儒家」主要即是指熊十力的哲學流派。劉述先說：「熊先生……的思想對於廣大的社會雖無影響，但卻打開了一條思路，成為當代新儒家哲學的發端人。『宣言』中的思想正可以說是由他所開啟的方向所作的進一步發展。」（同上，頁二四〇）這是完全合乎事實的論斷。

從上面的討論可知「新儒家」今天至少有三種不同的用法：第一種主要在中國大陸流行，其涵義也最寬廣，幾乎任何二十世紀中國學人，凡是對儒學不存偏見，並認真加以研究者，都可以被看成「新儒家」。這樣的用法似乎已擴大到沒有什麼意義的地步了。第二種比較具體，即以哲學為取捨的標準，衹有在哲學上對儒學有新的闡釋和發展的人，才有資格取得「新儒家」的稱號。在這個標準之下，熊十力、張君勱、馮友蘭、賀麟諸人大概都可以算是「新儒家」。（但梁漱溟歸宗佛教，又不承認中國有哲學，他是不是「新儒家」則尚有問題。）（兩年前承島田虔次先生寄贈《新儒家哲學について——熊十力の哲學》一書，京都，同朋舍，一九八七年，也是以「哲學」為標準。故書中也有專章討論馮友蘭的《新理學》，視之為「新程朱派」的代表。）第三種是海外流行的本義，即熊十力學派中人才是真正的「新儒家」。此外有私淑熊氏之學而又為熊門所認可者，如聶雙江之於王陽明，當然也可以居「新儒家」之名而不疑。

根據上引第一種用法，我們也許可以稱錢先生為「新儒家」。但這一用法，空洞無意義，決非他所願承受。錢先生的學問宗主在儒家，終極信仰也歸宿於儒家，這是不成問題的。但是他的基本態度是所謂「守先待後」（也就是「述而不作」）；他的主要旨趣是在闡明中國的學術傳統，以待後起者之自為。因此他從未自樹新義，而期人以必從。我們當然可以說，現代人解釋古人的思想，無論自以為怎樣忠實於原著，終不免要把新的觀點帶進來。然而這究竟和有意識、有計畫地建立一個新系統大有不同。錢先生曾明白地說：

若此後中國文化傳統又能重獲新生，則此一儒學演進必然會又有新途徑出現。但此下的新儒學究該向那一路前進？我想此一問題，只一回顧前面歷史陳蹟，也可讓我們獲得多少的啟示；不煩我們再來作一番具體的預言，或甚至高唱一家一派式的強力指導。如韓愈所謂：「開其為此，禁其為彼」，總不是一好辦法。韓愈尚所不為，我們自可不走此絕路。（《中國學術通義》，頁九六）

這是史學家的態度，不但和熊十力不同，也和梁漱溟、馮友蘭截然異趨。

第二義的「新儒家」則不能用在錢先生的身上，因為他是史學家而不是哲學家。錢先生的研究重點是中國學術思想史，但他儘量避免用「哲學」這一概念。在他看來，中國思想中雖然有與西方哲學相應的部分，而不相應的部分則更佔份量。如果以中國思想之實來牽就西方哲學之名，則恐易流於削足適履。他晚年想通過現代流行的學術分類以比較中西異同，才用了「中國哲學」的名詞。但是他開宗明義便說：

哲學一名詞，自西方傳譯而來，中國無之。故余嘗謂中國無哲學，但不得謂中國人無思想。西方哲學思想重在探討真理，亦不得謂中國人不重真理。尤其如先秦諸子及宋明理學，近代國人率以哲學稱之，亦不當厚非。惟中國哲學與西方哲學究有其大相異處，是亦不可不辨。（見《現代中國學術論衡》，臺北，東大圖書公司，一九八四年，頁二一）

可見他雖能接受「哲學」的分類，而終覺心有未安。這類的大問題當然不免有見仁見智的不同。但錢先生無意走哲學的道路則是無可置疑的。

至於第三義的「新儒家」，那當然更不能包括錢先生在內了。錢先生和熊十力的關係，依照傳統的說法，是所謂「論學之友」。但兩人論學見解頗多不合。錢先生在《師友雜憶》中曾多次提到和熊十力交往的經過，茲擇抄其較有關係者數則於下，以說明他和第三義的「新儒家」之間的異同所在。

> 自後（湯）錫予、十力、（蒙）文通及余四人，乃時時相聚。時十力方為《新唯識論》，駁其師歐陽竟無之說。文通不謂然，每見必加駁難。論佛學，錫予正在哲學系教中國佛教史，應最為專家，顧獨默不語。惟余時為十力、文通緩衝。又自佛學轉入宋明理學，文通、十力又必爭。又惟余為之作緩衝。
>
> 除十力、錫予、文通與余四人常相聚外，又有林宰平、梁漱溟兩人，時亦加入。惟兩人皆居前門外，而又東西遠隔。漱溟又不常在北平，故或加宰平，或加漱溟，僅

得五人相聚。宰平與漱溟則不易相值。（見《八十憶雙親、師友雜憶（合刊）》，臺北，東大圖書公司，一九八三年，頁一五五－一五六）

余其時又識張孟劬及東蓀兄弟，兩人皆在燕大任教，而其家則住馬大人胡同西口第一宅。時余亦住馬大人胡同，相距五宅之遙。十力常偕余與彼兄弟相晤，或在公園中，或在其家。十力好與東蓀相聚談哲理時事，余則與孟劬談經史舊學。在公園茶桌傍，則四人各移椅分坐兩處。在其家，則余坐孟劬書齋，而東蓀則邀十力更進至別院東蓀書齋中，如是以為常。（同上，頁一五八）

上面這幾段描寫透露了兩點當時學術思想的動態。第一是這幾位學人顯然都和當時以胡適為首的主流派不相契。主流派代表了「五四」以來批判中國文化和提倡西化的觀點，而以上這些學人則都對中國文化傳統抱認同的態度。陳寅恪所謂「一方面吸收輸入外來之學說，一方面不忘本來民族之地位」，大概可以代表他們的最低限度的共同綱領。他們之間的經常聚會象徵着一種與主流派相抗衡的意味。但當時的學風仍然比較淳厚，思想上的對抗並沒有演變到彼此輕鄙的地步。試舉一兩個例子。胡適在一九三七年一月十八日的日記中說：

到北大，與湯錫予先生暢談。他自認膽小，只能作小心的求證，不能作大膽的假設。這是謙詞。錫予的書（按：指《漢魏兩晉南北朝佛教史》）極小心，處處注重證據，無證之說雖有理亦不敢用。這是最可效法的態度。

他又說：頗有一個私見，就是不願意說什麼好東西都是從外國來的。我也笑對他說：我也有一個私見，就是就說什麼壞東西都是從印度來的！我們都大笑。（《胡適的日記》，香港，中華書局，一九八五年，頁五二七）

一九三三年五月胡適在《獨立評論》第三十一號上介紹熊十力所寫〈要在根本處注意〉一文說：

熊十力先生現在北京大學講授佛學，著有《新唯識論》等書，是今日國內最能苦學深思的一位學者。……熊先生此次來信，長至五千字，殷殷教導我要在根本上注意，莫徒作枝節議論，他的情意最可感佩，所以我把全文發表在這裏。（見胡頌平編著《胡適之先生年譜長編初稿》，臺北，聯經，一九八四年，第四冊，頁一一五六）

但是雙方的壁壘分明，則不容諱言。

第二是非主流派之間雖有最低限度的共同綱領，仍不能掩蓋內部的分歧。錢先生喜歡和張孟劬「談經史舊學」，而熊十力則好與張東蓀「談哲理時事」，因此四人必須分為兩處，即可見「守舊」與「趨新」的不同。他們是不可能統一在「新儒家」這一旗幟之下的。

錢先生又記馬一浮與熊十力的故事，也大可玩味：

馬一浮復性書院設在岷江對岸上。一日，渡江來訪，邀余去書院講演。熊十力在西湖，與一浮同居有年。及來北平，與余同居。余之知一浮，亦有年矣。及一浮來此創辦書院，十力亦同來。不知何故，齟齬離去。……

一浮衣冠整肅，望之儼然。而言談間，則名士風流，有六朝人氣息。十力則起居無尺度，言談無繩檢。一飲一膳，亦惟己所嗜以獨進為快。同席感不適亦不顧。然言談議論，則必以聖賢為歸。就其成就論，一浮擅書法，能詩，十力絕不近此。十力晚年論儒，論六經，縱恣其意之所至。一浮視之，轉為拘謹矣。但兩人居西湖，相得甚深。殆以當年，兩人內心同感寂寞，故若所語無不合。及在復性書院，相從講學者逾百人，於是各抒己見，乃若所同不勝其所異，暌違終不能免。（《師友雜憶》，頁二一〇—二一一）

這裏不但顯出馬一浮與熊十力之間「所同不勝其異」，而且更透露了錢先生對待儒家傳統的態度和熊十力幾乎在大關鍵上全不相合。錢先生對宋明理學是「私奉以為潛修之準繩」；熊十力雖句句話不離「冥悟證會」、「良知」、「心性」，但他從不重視向來理學家所說的修養工夫。所以他坦然自承：「唯（林）宰平知余平生未有變化氣質之功。」（見《十力語要初續》，臺北，樂天出版社，一九七三年，頁一八）錢先生對於經學抱着敬慎的態度，舉凡歷代經師的注疏和辨偽他都不敢輕忽。經典成立的時代尤其是關鍵所在，因為這一點直接涉及儒家思想的發展及其與其他學派的關係。如《中庸》、《易傳》、《周禮》的時代都是不能不加以考證的。這是客觀的學術問題，既不容逞才使氣，更不是憑什麼「義理系統」即可斷定的。但熊十力對儒家經典的態度則已遠非「六經註我」四字所能形容；他簡直是興到亂說，好像是一個不學的妄人一樣。錢先生對此種作風尤為深惡痛絕。記得大概在八十年代初我在素書樓偶然向他提到熊十力的《讀經示要》，我說熊先生解《論語》「詩書執禮，皆雅言也」，居然引了方以智《通雅》，以「執」字原是「藝」，由「埶」的形近致誤。而陳夢家《尚書通論》也得到同一結論，但卻不知此解已為方氏所先發。我的意思不過是覺得熊十力也弄訓詁考證，出人意表。錢先生誤會了，以為我在推重熊氏的經學，面露詫異之色。後來他聽清楚了我的論點，方覺釋然。接着他便對熊十力在經學上的猖狂恣肆痛加批評，並認為這種態度將來會對學風發生極壞的影響。我當即告訴他，用不着等到將來，現在便已有人師法熊十力，直呼古人為「爾」、「汝」而直斥之，好像面責自己的學生一樣。他聽了，為之太息不已。但這已不僅是思想的分歧，而關乎基本學養的問題了。徐復觀在一九八〇年十一月十六日的日記中也說：

連日偶翻閱熊十力先生的《乾坤衍》，其立言猖狂縱恣，凡與其思想不合之文獻，皆斥其為偽，皆罵其為奸。其所認為真者僅〈禮運大同篇〉及《周官》與《公羊何注》之三世義及乾坤兩彖詞，認定此為孔子五十歲以後之作。彼雖提倡民主，而其性格實非常獨裁，若有權力，將與毛澤東無異。我不了解他何以瘋狂至此。（見《無慚尺布裹頭歸——徐復觀最後日記》，臺北，允晨，一九八七年，頁五九）

徐先生是熊門高弟，其言激切如是，誠足發人深省。

熊十力成為新儒家的開山祖師是由於他的門弟子——第二代新儒家——近四十年來在海外開拓了新的領域。其中最具關鍵性的便是一九五八年「宣言」中簽名的唐君毅、牟宗三、徐復觀三位先生。錢先生和第二代新儒家也有或密或疏的交涉。唐君毅先生任教香港新亞書院，和錢先生共事最久；徐復觀、張丕介兩先生創辦《民主評論》，為錢先生和第二代新儒家提供了一個共同的言論園地。特別是在五十年代，由於《民主評論》和代表自由主義的《自由中國》隱然形成了對壘的情勢，錢先生和第二代新儒家很自然地被劃在同一思想流派之內。新亞書院和《民主評論》，還有王道先生在香港主持的《人生》雜誌，也都被看作是同一思想陣營的組織基地。因此，僅以外在的形跡而言，錢先生和第二代新儒家之間的關係似乎已緊密到不可分的地步。但是這種外在的關係主要是由兩個因素造成的。第一是偶然的歷史因素。一九四九年中國少數學人流亡到海外（香港和臺灣）之後，由於空間的極端限制，彼此湊泊在一起以從事文教事業的機會大增。新亞書院的創建便是一個明顯的例子。第二是傳統的因素，錢先生和第一代新儒家在三十年代北平的交往是基於向中國文化認同這一最低限度的共同綱領。這一傳統一直延續到五十年代的海外，依然構成錢先生和第二代新儒家之間的精神聯繫。

但是過此以往，錢先生和第二代新儒家之間也是「所同不勝其異」，甚至沒有共同的語言。因為第二代新儒家的康德——黑格爾語言既不是錢先生所熟悉的，更不是他所能接受的。從這一點說，錢先生和第二代新儒家之間在思想上的關係其實比第一代——熊十力——

是更疏遠了，而不是更接近了。這種疏離從錢先生拒絕在他們的「宣言」上簽名這一行動具體表現了出來。錢先生在一九五九年五月六日給我的信上說：

年前張君勱、唐君毅等四人聯名作中國文化宣言書，邀穆聯署，穆即拒之。曾有一函致張君，此函曾刊載於香港之《再生》。穆向不喜此等作法，恐在學術界引起無謂之壁壘。

我沒有讀到錢先生給張君勱的信，不知道他所持的正面理由為何。但從他的信中，我們可以看出他不願意以簽名發宣言的方式來造成有形的學術壁壘。這和他平生不肯樹立「門戶」的精神完全一致。今天「新儒家」的門戶便是從一九五八年這篇「宣言」引發出來的。錢先生不贊成有此門戶當然僅僅表示他自己的價值取向；他似乎並沒有意圖要強人以從同。以當前的學術空氣言，我們當然可以說，不立門戶未必是，建立門戶也未必非，一切祇能取決於個人的自由意志。但是無論如何，錢先生當年既已堅決拒絕「宣言」的聯署，本名從主人之義，我們今天沒有理由將「新儒家」之名強加在他的身上。否則真是所謂「尊之適所以侮之」了。

以我個人所知，錢先生晚年在臺北所瞭解的「新儒家」祇是熊十力一系的專稱。熊十力在理學上特尊陸、王，在錢先生的儒學史的概念中，陸王是所謂「別出儒中之尤別出者」。他自己也十分推重陸王，尤其是王陽明，但是別出儒雖然特呈精采，卻無法代替儒學的整體。錢先生充分承認別出儒的特殊貢獻，但是他所要繼承的則尤在北宋以來綜匯經、史、文學的儒學傳統。他之所以在宋代理學家中獨尊朱子，還不僅因為朱子「集理學之大成」，更重要的是朱子同時也繼承和發展了歐陽修以來的經史文學。所以他曾形容朱子是「欲以綜匯之功而完成其別出之大業」（《中國學術通義》，頁八四）。我這樣以錢先生與新儒家作對比，並不是要重提朱陸異同的舊案，更不是說雙方的分歧是朱陸異同在二十世紀的簡單重現。事實上，我是根據我所理解的錢先生的觀點來說明他為什麼拒絕在一九五八年的「宣言」上簽名，也不肯認同於所謂「新儒家」。那篇「宣言」開宗明義以「心性之學，乃中國文化之神髓所在」，便顯示出熊十力的特殊觀點。這一論斷在熊門的新儒家看來當然是不證自明的天經地義。然而在門外人的心中便難免要引起一連串的疑問。如果說心性之學是中國思想史上一個重要的特色，熟悉中國學術傳統的人也許不致提出太多異議。但是要得到「宣言」中的論斷，這後面需要多少層的預設和多少類的經驗證據呢？不用說，這樣提問題對於新儒家是完全「不相應」的，因為在他們「立其大」的思路上根本不發生這樣的問題。錢先生是否因為對「宣言」中這一類論斷感到心有所未安而不肯連署，我們現在已無法斷定。不過他有一段論陸王之學的特徵，似乎可供參考。他說：

> 陸王之學為理學中之別出，而陽明則可謂乃別出儒中之最是登峯造極者。因別出之儒，多喜憑一本或兩本書，或憑一句或兩句話作為宗主，或學的。如二程常以《大學》、《西銘》開示學者；象山則專據《孟子》，又特提先得乎其大者一語；而陽明則專拈孟子良知二字，後來又會通之於《大學》而提出致良知三字，作為學者之入門，同時亦是學者之止境，徹始徹終，祇此二字。後來王門大致全如此，祇拈一字或一句來教人。直到明末劉蕺山又改提誠意二字。總之是如此，所謂終久大之易簡工夫，

已走到無可再易再簡，故可謂之是登峯造極。然既已登峯造極，同時也即是前面無路。(《中國學術通義》，頁八八)

陸王的這一特徵在今天新儒家的身上好像也留下了明顯的痕跡。總之，錢先生和第二代新儒家之間雖有最低限度的一致立場——為中國文化說話——並且從五十年代到六十年代初交往甚密，但是彼此的學術取向以及對儒學傳統的認識都格格不入。「離則雙美，合則兩傷」，這句話用在錢先生和新儒家的關係上面真是再恰當不過了。

五、新儒家的道統論

現在我要進一步對新儒家有所討論。首先，讓我對新儒家的道統觀提出局外人的一個觀察。前面引錢先生的說法，別出之儒因為受禪宗的啟示，發展出一種一線單傳而又極易中斷的道統觀。那麼新儒家的道統觀是不是宋明理學的延續呢？自熊十力起，新儒家都有一種強烈的道統意識，但是他們重建道統的方式則已與宋明以來的一般取徑有所不同。他們不重傳道世系，也不講「傳心」，而是以對「心性」的理解和體證來判斷歷史上的儒者是否見得「道體」。在這一點上，他們確與陸、王的風格比較接近。由於新儒家第一代和第二代諸人對於「心」、「性」、「道體」的確切涵義以及三者之間的關係都沒有獲得一致的結論，他們的道統譜系因此也有或嚴或寬的不同。但無論嚴寬，大致都認定孟子以後，道統中斷，至北宋始有人重拾墜緒；明末以來，道統又中斷了三百年，至新儒家出而再度確立。（按：熊十力晚年認為孔子的內聖心學，孟子以後便中斷了，宋明儒亦非「嫡嗣」，見《明心篇》；又說孔子的外王「大道」學，雖孟子也未能繼承，見《乾坤衍》。若依此說，則自無「道統」可言。）由此可見新儒家的道統雖然不是一線單傳，但卻仍是隨時可斷。

新儒家建立道統在文字層面上是運用哲學論證；這是新儒家的現代化或西方化。但是由於新儒家奉孟子陸王一系的心學為正統，必須肯定有一普遍而超越的「心體」。這個「心體」對於每一個人都是一真實的存在，即陸象山所謂「此心」或王陽明所謂「良知」。「心體」是一切價值和創造的根源，但其第一性質則必然是道德的。另一方面，陸、王又強調「吾心即宇宙」、「良知生天生地」，因此新儒家也必須肯定有一道體流行於整個宇宙之間。

這個道體可以有各種不同的名稱，如天道、天命、本體、上帝之類，但名稱無關緊要。重要的是我們必須承認這才是宇宙的最後真實。照新儒家的看法，古代希臘哲學家也看到了這個道體，不過他們為思辯理性所限，把它當作形而上的實體；近東的宗教先知也窺見了這個道體，但他們又為啟示理性所限，把它據之為人格化的上帝。只有儒家聖人所言的才是對於道體的正見。不但如此，新儒家還更進一步，通過現存的文獻和傳記材料，他們自信可以斷定宋明理學家中誰能上繼孟子，見得道體，其見道究竟循着何種工夫進路，以及所成就的義理系統又屬於何種形態等。這是新儒家重建道統譜系的最重要的內在根據。

顯而易見，這一斷定並不能取決於哲學論證。所以新儒家最後必然強調「體證」、「證會」之類的修養工夫，這便是所謂「德性之知，不由見聞」。宋、明理學家對於修養工夫本有種種具體的描述和討論。新儒家據此立論自有一定的理由。宋明理學家自述其「見本心」或「覓本體」的過程往往甚為親切。例如高攀龍描寫他一生出入各家所指示的修養工夫，雖有過「透體通明，遂與大化融合無際」的見道經驗，仍須再過十幾年才識得《大學》、《中庸》所描寫的本體和工夫（見《明儒學案》卷五十八「東林一」）。我們自不應輕易懷疑高攀龍和其他理學家有過此類心理的經驗，因為他們的工夫歷程是有明確的紀錄的。但是現代一般人並沒有作過這種精神修煉的工夫，更不曾證會過心體和道體，因此無從在這一層次上分辨儒學史上誰已見道、誰未見道、或誰見道不明等等。現代新儒家則不同，他們正是以證悟的經驗為重建道統的前提。無論是評析宋明儒者的工夫論或本體論，新儒家的論斷和語氣都必須假定他們對宋明儒者的種種修為與造境無不親歷一過。否則他們所指陳的前人證會道體的異同高下便成為觀念遊戲了。新儒家強調的證悟在西方人看來毋寧是宗教體驗的一種。例如熊十力所說的「良知是呈現」，如果真是一種實感，則與西方人所說的「上帝的呈現」(God's presence) 屬於同一境界，雖然內容可能有異。但非親歷此境者則不能妄語，所以我們在門外的人最多衹能把見道者的證言當作一種事實來接受，而不能贊一詞。

如果我們細察新儒家重建道統的根據，便不難發現他們在最關鍵的地方是假途於超理性的證悟，而不是哲學論證，康德——黑格爾的語言在他們那裏最多只有緣助的作用，而且還經過了徹底的改造。只有在承認了「心體」、「道體」的真實存在和流行不已這一前提之後，哲學論證才能展開。但這一前提本身則決不是任何哲學論證（或歷史經驗）所能建立的。所以如果我們把新儒家的道統觀簡單地看作一般意義下的哲學史研究，那便不免會時時發生「每逢危難，上帝出現」(deus ex machina) 的錯愕。因為每在緊要關頭，哲學和歷史都無濟於事時，出而直下承當的必是超越的證悟。其實這正是新儒家特顯精神之處。只要我們瞭解新儒家所講的並不是普通意義的哲學，而是具有宗教性的道體，是理性與感官所不能及的最高領域，上述的錯愕便可以避免了。早在九十年以前，威廉·詹姆斯 (William James) 便已指出，對於「上帝呈現」這一類直接的宗教體驗，理智是絕對無能為力的；哲學和神學即使建構得再精巧，也祇能是第二義以下的模本，是空洞而不相干的 (*The Varieties of Religious Experience*, The Modern Library, 1929, "Lecture XVIII: Philosophy")。同時他又說：如果有人真正感到活生生的上帝曾呈現在他的面前，那麼無論你用多麼高明的批判的論證來反駁他，也絲毫無法改變他的信仰（同上，頁七三—七四）。我們對於新儒家的道統觀即可作如是觀。

但是問題在於道統如果有實義則祇能是儒學史上的客觀事實，而為人人（至少是大多數人）所共見。另一方面，心體、道體的體證如確有其事，自古及今也都僅限於極少數的人。不僅如此，體證必然是個人的私經驗，往往因人而異，甚至同一人也先後不同（如前引高攀龍之例）。那麼我們究竟怎樣才能斷定儒學史上誰曾見「道」，誰未見「道」？又如何分辨誰所悟者是真「良知」，誰所見者僅是「良知的光景」？通常我們會想到以孔、孟以來的儒家文獻為判斷的標準。但從新儒家的立場說，這是完全無濟於事的。文獻必涉及訓詁考證的問題；新儒家與考證學家恰好相反，他們相信「義理明而後訓詁考證之得失可得而明」（見唐君毅《中國哲學原論》上冊，香港，人生出版社，一九六六年，〈自序〉，頁七）。由於他們對義理系統的劃分基本上取決於超越的體證，於是問題又回到了始點。但這是在原地兜圈子而不是詮釋循環。新儒家的道統觀對於具有同樣體證經驗的人也許已是不證自明，但一般思想史研究者則對之實有無從措手足之苦。

新儒家的道統觀不僅對「學不見道」的門外人構成了不可克服的理解上的困難，而且即在門內也發生了嚴重的分歧。今天新儒家內部對朱陸異同已開始舊案翻新，有人以朱陸同傳道統，始終相涵，博約相資；有人則以陸、王上接孟子之緒，得道統之正，而朱子反成歧出。可見同以超越體證為判斷的根據，所建立的道統譜系依然可以相去極遠。不但如此，新儒家討論宋明理學的傳衍和發展給我們一個非常清晰的印象，即以心性論為內核的儒家之「道」，得之極難而失之極易。往往一兩百年才偶然出現一兩個見「道」的人。而依照新儒家的嚴格標準，即此一二人所見也有這樣或那樣的偏頗；至於門徒之中，若有兩三人能守之不失已屬難得，其餘則不是誤解便是未得其門而入。因此自北宋至今一千年間，真能承繼孔、孟道統的大概不會超過十人。即使把標準放寬些，加上極少數門人弟子，全體數目也還是少得可憐。這樣看來，新儒家重建道統的方式雖然與宋明理學家不同，但其道統觀則仍如錢先生所說，「是截斷眾流，甚為孤立的；又是甚為脆弱，極易中斷的。」新儒家內部的朱陸異同之辨也由此而起。這一新爭論與其說是出於儒學史研究上的分歧，毋寧說是新儒家內部已出現誰繼承了道統的問題。即使新儒家人人都見道，也還有誰見得最真切的問題。「截斷眾流」的道統觀最後不可避免地要引出衣鉢真傳的爭訟。禪宗「一花開五葉」，但青原、南嶽排名先後的糾紛歷數百年而不息，一直到清初還有曹洞、臨濟二宗互爭正統。黃宗羲所謂「脫得朝中朋黨累，法門依舊有戈矛」也。禪宗的教外別傳是宋明儒家道統的原型，《景德傳燈錄》尤其有示範的作用。陳垣說：

> 今《景德錄》即現存禪宗史最初之一部也。自燈錄盛行，影響及於儒家，朱子之《伊洛淵源錄》，黃梨洲之《明儒學案》，萬季野之《儒林宗派》等，皆仿此體而作也。（《中國佛教史籍概論》，北京，科學出版社，一九五五年，頁八七）

這是無可否認的客觀事實。現代新儒家既上承宋明別出之儒而嚴格簡別道統中的「正宗」與「旁出」（借用契嵩《傳法正宗記》的分類），則這種簡別所依據的絕對標準最後必然也要施用在他們自己的身上。雖然他們的根據不再是傳道世系，而是通過超越證悟所釐定的義理系統，但他們對所謂義理的規定較之禪宗或理學的世系更為嚴格。例如宋、元、明三朝《學案》中的人物，以理學的世系說，似乎都應該包括在道統之內，以新儒家的義理衡之，則絕大多數是在道統之外。不用說，新儒家內部的義理分歧最後也必須經過同樣嚴格的簡別。朱、陸究竟代表同一「正宗」的不同工夫取向呢?還是一為「正宗」、一為「旁出」呢?這一判斷上的差別透露出義理系統上最基本的分歧:新儒家道統觀的嚴格性必然要求對這一分歧作出明確的決定。但一經決定則兩說即分高下,高者得道統之正,下者退居偏位。若兩說相持不下,則爭端不息;爭端不息,則道統不立。這可以說是「截斷眾流」的道統觀給新儒家帶來的一大困擾。

當年鵝湖之會,陸氏兄弟先自不同,因此必須辯出高下,歸於一是,然後才能與朱子爭異同。子壽、子靜辯了一整天,最後子壽承認「子靜之說極是」,才告一段落。以義理的造詣言,陸象山大概確在其兄子壽之上,故子壽卒捨己見以從其弟。但子壽也未必在一切論點上完全與象山一致。所以第二天子壽詩中有「古聖相傳只此心」句,象山仍說「微有未安」。子壽立即反應道:「說得恁地,又道未安,更要如何?」這很顯然是極不耐煩、不痛快的語氣。後來呂祖謙柬朱子,說「子壽前日經過,留此二十餘日,幡然以鵝湖所見為非,甚欲着實看書講論,心平氣下,相識中甚難得也。」而朱子祭子壽文也說:「別未幾時,兄以書來。審前說之未定,曰子言之可懷。」可見子壽當時改從象山之說也未嘗沒有幾分勉強。(以上所引資料均見《朱子新學案》第三冊,「朱子與二陸交遊始末」章)這個例子頗能說明「截斷眾流」的道統觀簡別義理的嚴格性；在這一簡別之下，任何細微的歧異都不能被容忍，最後都必須歸於一是。既歸一是則必以一人為主體矣。這一特徵一方面固然反映了立說者的性格，但另一方面恐怕也和「專歸一路」的義理形態有關。當代新儒家的主要傾向便和陸象山之教十分相似，不過象山所謂「本心」新儒家稱之為「道德主體」而已。顧憲成序陳建《學蔀通辨》，曾以「無我、有我」分別朱陸。他說：「在朱子豈必盡非而常自見其非；在陸子豈必盡是而常自見其是。此無我、有我之證也。」又說：「朱子歧德性學問為二，象山合德性學問為一，得失判然。如徐而求其所以言，則失者未始不為得，而得者未始不為失。此無我有我之別也。」顧氏所謂「無我」當出於《論語．子罕》所謂「毋我」。這一分別很自然地使我們聯想到一九四七年金岳霖比較他和熊十力的哲學分歧。他說：

熊氏哲學背後有他這麼個人，而我的哲學背後沒有人。（引自郭齊勇《熊十力及其哲學》，北京，中國展望出版社，一九八五年，頁二一四）

這正是現代的有我、無我之辨，也可以說是主觀與客觀的分別。一個主觀極強、自信極深的人，所講的恰好又是專歸「道德主體」一路的哲學，往往會在不知不覺之間化身為道德主體。這樣一來，他便容易發展出顧憲成所謂「常自見其是」的傾向；對於不同的觀點更容易直覺地視為「陋說」、「邪意見」、「閒議論」、「第二義以下」之類，而一概加以揮斥。陸象山是如此，熊十力更是如此。新儒家的道統和這一特殊的義理形態有內在的關聯，是顯而易見的。

現在我們要進一步追問：當代新儒家為什麼要費如許力氣來重建道統呢？為什麼他們非把道統的焦點集中在「心體」、「道體」之上不可呢？不用說，這兩個問題都不是很容易解答的。

通常我們提到「新儒家」，大致都把它當作現代中國的一個思想流派。對於「新儒家」瞭解得更多一點的人也許會說它是繼陸王心學而起的一個哲學流派，因為新儒家中的人物主要是以哲學為專業的。但是這種門外人的看法是和新儒家的抱負完全不相稱的。這裏我們必須再次提及他們那篇〈中國文化與世界〉的宣言。這篇宣言大致反映了他們的抱負——

面對西方文化的衝擊，中國人必須重建中國文化的價值系統。在這個重建過程中，他們並不拒斥西方文化的成分；相反的，對於「五四」以來所提倡的「民主」和「科學」，他們同樣抱着肯定的態度。但是他們堅持一切西方的成分都必須安排在中國文化的價值系統之內。從這一點說，他們的立場當然是和「五四」以來的主流派恰恰相反。因此他們也往往被定性為文化保守派或傳統派。然而這種定性未必與實際相符。但事實上，他們把中國文化（以儒家為中心）的理想和現實一分為二。在現實的層面，從制度到習俗，他們毋寧是反傳統的。而且其反傳統意識的激烈有時甚至不在「五四」主流派之下。例如熊十力在一九五一年五月二十二日給梁漱溟的信上說：

若云社會制度或結構，中國人之家庭組織卻是屬於制度或結構者……。其實，家庭為萬惡之源，衰微之本，此事稍有頭腦者皆能知之，能言之，而且無量言說也說不盡。（見〈十力書簡〉，收在深圳大學國學研究所《中國文化與中國哲學》，北京，三聯書店，一九八七年，頁六）

雖然新儒家反傳統的程度因人而異，未可一概而論，但大體上說，他們確是對中國文化的一切有形的現實都無所肯定，所肯定的僅是無形的精神。（最明顯的還是熊十力，他說：「秦後二、三千年，只有夷化、盜化、奴化三化，何足言文化。」同上，頁五）也許正因如此，新儒家才不得不強調道統，並且把道統嚴格限定在心性論上面。因為依照他們的解釋，一部中國文化史的精神僅在極少數的儒家聖賢的身上獲得比較完整的體現和發展。（其他的人，包括釋家、道家，如果曾接觸到這一精神，也是偏而不全或「日用而不知」。）至於中國社會制度史上的所謂儒家，包括綱常名教在內，則都是對此一精神的歪曲。道統便代表了這一精神的歷史，而且也是唯一有意義的歷史。新儒家所說的道體、心體、性體等都是這一精神內核，不過因觀察的角度不同而有種種不同的名稱而已。但這一精神的內核又是中國自古以來所特有的，古代希臘、以色列、印度的哲學和宗教都見不及此。所以新儒家才說：「心性之學，乃中國文化之神髓所在。」這一中國的「道」正是所謂「放之則彌六合，卷之則退藏於密」。新儒家的歷史任務便是以現代的（主要是康德——黑格爾的）哲學語言來展示此「退藏於密」之「道」，然後再求「放之則彌六合」，即全面重建一個現代的中國文化系統。

我想以上的分析也許可以使我們瞭解新儒家重建道統的一種苦心孤詣，如果上面關於新儒家的抱負的觀察大致不錯，那麼我們顯然不能把他們僅僅看作是一個普通的哲學流派；新儒家中的個別成員儘管在大學的哲學系任教，他們也不是普通的所謂專業哲學家。事實上，他們在許多著作中都表示過不屑與現代所謂「專家」、「教授」為伍的意思。「道」是最高的絕對的領域，也是一切價值的最後源頭。新儒家正是以「道」的繼往開來者自許的。依《中庸》「修道之謂教」之說，則新儒家所倡導的其實是「教」，而不是通常意義的「學」。從他們的觀點說，「教」是第一義的，「學」則是第二義或第二義以下的。因為「教」必歸宿於總持一切的最高真理（道），異於「教」的便成「異端」；「學」則是多元的、相對的、局部的，往往演成「此亦一是非，彼亦一是非」的紛爭。中國傳統的經、史、子、集是如此，現代的專門學科尤其是如此。如果我們混「教」為「學」，誤把新儒家看作今天的無數哲學流派之一，不但新儒家不肯承認，而且我們也無從瞭解新儒家的基本特徵。

正由於新儒家是「教」，他們才對內有統一教義的嚴格要求，對外又必須安頓客觀世界的整體秩序。道統的重建即是統一教義的具體表現，關於這一點，上面已有所說明。這裏可以補充一點，新儒家雖沒有形式上的「教主」，但精神上仍然要求有一「教主」。依照新儒家內部的不成文法典，見得道體最真切、修為的境界最高的人事實上便居於「教主」的地位。這是因為「教」的內部不能沒有「階次」(hierarchy)，既有「階次」則不能沒有最高的一層。否則將無以起教眾之信，更不能定教義的是非。這一套不成文法典當然不是新儒家所獨具，一切的「教」實無不有之。但絕大多數的「教」都是所謂「出世的」，至少不直接干預俗世的事。西方在政教分離之後，更是如此。所以這種「階次」僅僅對於「教」內的徒眾有意義，與一般的人是完全無關的。新儒家則不然，他們的最後歸宿是社會實踐，也就是重新安排人間世的秩序。因此他們的「教」內階次對於整個社會也同樣有效。這是新儒家的難題之一，留待下面再討論。

六、新儒家的「開出」說

現在我們先從新儒家的「開出」說入手。新儒家上承「內聖外王」的舊統，而提出了道統開出政統和開出學統的說法。我們在此有兩個側面的觀察：第一、新儒家的兩個「開出」說事實上是為了安頓「民主」與「科學」而特別構想出來的。他們不同意「五四」主流派向西方搬取「民主」與「科學」的主張，因為這種單純「西化」的主張使中國文化在現代轉化中完全失去了作用。為了將「民主」與「科學」納入中國文化的原有系統之內，新儒家才不得不別出心裁，發展出一套所謂「開出」說。

第二、「開出」說必然涵蘊內聖是一切價值的本源所在。所以內聖的領域也必然高出人間一切活動的領域之上。從這一點看，新儒家顯然是要重建儒學在中國文化傳統中所一直佔有的那種中心而又超越的地位。但是新儒家又確有新的成分，並不是簡單的復古。他們對於內聖和外王兩個世界的劃分大體上是採取了康德關於本體界和現象界的劃分，而又加以變化。在「開出」說方面，他們更參用了黑格爾的「精神」客觀化而實現其自己的說法。為了使讀者對新儒家「開出」的一方面有所認識，我們不妨簡略地談一談所謂「良知自我坎陷」之說，因為此說是「內聖開出外王」的主要論據。

依新儒家的解釋，良知是絕對的道德心，它本身並不以物為對象。但良知在發用的過程中必然引起對有關的客觀事物的認知要求，此時良知即須決定「坎陷」其自身以生出一「了別心」，而化事物為知識的對象。新儒家即據此說而斷定一切知識（包括科學知識在內）都依於其高一層次的良知決定「坎陷」其自己而生。故知識必統攝於良知之下。良知是本體界的事，知識則是現象界的事；兩者的高下判然。（關於此點可看唐君毅《中國哲學原論》上冊，頁三三八—三四〇）這個曲折有趣的說法大概是從黑格爾的哲學中變化出來的，所謂「自我坎陷」即相當於"Self-diremption"。康德認為主體——本體我——永不能知其自己，因為主體一旦成為知識的對象即化為經驗我，而不復是本體我了。黑格爾不同意此說，因而提出主體——黑格爾的「意識」——正可通過"Self-diremption"而使本身化為可知的對象。這正是人和石頭不同的所在。"Self-diremption"原義是「自我分離」。但「絕對精神」要實現其自己則必須通過具體的個人生命，「自我分離」便發生在這個低一級的層次上；在「絕對精神」那一層上，主客自然是統一的。（參看Charles Taylor, *Hegel*，劍橋大學出版社，一九七五年，頁三三四—三三五）然而新儒家套用黑格爾的概念卻可以引起實踐上的困難。「絕對精神」是上帝的化身，故不可能也不必要「自我分離」；只有在有血有肉的個人的意識中才會發生自我分離。相反的，依照新儒家之說，良知則是人人所同具的，良知的坎陷也是每一個人所必有的。所不同者，祇有極少數的人才能長駐於良知呈現的境界，絕大多數的芸芸眾生則無此體驗。聖凡兩途即由此而判，關鍵繫於證悟之有無。這些極少數的儒家聖賢雖然也有血有肉，表面上似與凡人無異，事實上卻具有非常特殊的精神身分。若依康德之說，他們是具有「智的直覺」的本體我；若依黑格爾之說，則他們是「絕對精神」或上帝的化身。新儒家的道統「開出」政統和學統之說必預設自己處於價值之源的本體界（聖域），而置從事政與學以及一切人世活動的人於第二義以下的現象界（凡境）。上面所說的實踐上的困難便隱伏於此。

在中國傳統的社會結構中，這些具有特殊的精神身分的人自然有他們的特殊社會空間。即使如此，明清以來，由於社會結構在不知不覺中發生重要的變化，這些少數精神「先覺」的社會身分已不免發生問題。王陽明的良知說最後演變為通俗意義的「現成良知」和「滿街都是聖人」。但「良知」一旦泛濫到這步田地，少數「先覺」的存在便沒有必要了。如果說，「滿街聖人」在「成聖」之前，還需要少數「先覺」的指點，那麼這些「先覺」在現實社會上究竟居於什麼地位呢?儒家不同於基督教,沒有教會的組織,儒者也不能成為專業的牧師。王畿和泰州學派的社會講學終究不能普及,更不能持久。入清以後,王學衰歇,不少儒家便不免要發生什麼是「儒者本業」的困惑了。

今天新儒家似乎也面臨着同樣的困難。新儒家一方面告訴我們:「心體」、「道體」或「良知」的體認是無限艱難的,沒有「宿慧」的人幾乎沒有可能獲得「良知呈現」的經驗。而且即使偶然有此經驗,也決不能保證一得即不復失。所以依他們的嚴格簡別,王陽明的弟子中真能守得住良知之教的也不過兩三人而已。另一方面,新儒家又堅持無論是「政統」或是「學統」都必須由「道統」開出。這就等於說,民主和科學在中國的實踐最後都落在新儒家的肩上,因為只有他們才是「道統」的承繼者。但是新儒家從來沒有清楚地指示我們:道統究竟怎樣才能「開出」政統和學統?我們祇能試作幾種可能的推測:第一個可能性是說祇有悟「道」——進入「道統」——的人才能開出民主與科學。這大概不會是新儒家的想法,因為這一限制太嚴格了。依新儒家的標準,今天真正的悟「道」者恐怕不會超過一、二人,我們怎麼把這樣巨大的「開出」事業完全寄望於一、二人的身上呢?而且即使以當年〈中國文化與世界〉宣言的四位簽名者而言，其中也祇有張君勱先生一人曾對民主事業有過貢獻。但以悟「道」而言，恐怕新儒家決不會承認他是一個合格的人選。第二個可能性是新儒家以「先覺覺後覺」的方式激發中國人的良知，然後通過「良知的自我坎陷」以「開出」民主與科學。這也許比較最接近新儒家的「開出」的理想，但是也立即遇到一個難解的困境：新儒家既非以傳「教」為本業，則將以何身分並通過何種方式來點撥中國人的良知而期其必從呢？不但如此，中國人追求民主與科學至少有一百年的歷史，遠在新儒家出現之前。這是不是表示，良知早已發用，不必更待「先覺」的激發了呢？這便引出第三個可能性，即所謂「開出」是指中國人在近百年來努力的方向事實上即是暗中由良知規定的，不過為之者不自覺而已。這個說法符合「良知本自現成」之義，也可以澄清民主與科學和儒家傳統互不相容的偏見。但是這樣一來，新儒家則不免永遠落後着，如黑格爾所謂「暮色既晦，智梟展翼」，其功能已降為澄清思想上的誤解，而不是「內聖開出外王」了。

以上論新儒家「開出」說的困難，甚為簡略，因為這不是本文主旨的所在。「良知的自我坎陷」的理論最多衹能說明人的一切創造活動都受「良知」的主宰，但卻無法證立政統與學統必待道統來「開出」。因為如果人人都有現成的良知，則他們在發現了民主或科學的價值之後，良知自然會「自我坎陷」，用不着也不可能等待道統中人的指點。前面已指出，中國人在十九世紀末葉已發現了民主與科學的價值。我們可以把發現之功歸之於「良知」，但不能歸之於道統（無論是真道統還是偽道統），「五四」以來提倡民主與科學最有力的人同時也是最反道統的（雖然是偽道統），他們也未嘗不能理直氣壯地說，他們反道統正是出於「良知」之不容已。可見「良知」說是一把兩刃的刀，兩邊都可以割。

新儒家之所以必須堅持「開出」說自有其不得不然的理由。前面已指出，新儒家把自己的領域劃在開創價值之源的本體界，而民主與科學則是現代中國人所共同追求的兩大新價值。因此新儒家才特別建構一種理論，說明這兩大價值在中國的開創必須在源頭處——儒家的「道」——着手。根據新儒家的解釋，傳統儒家的「道」所完成的是道德主體的建立。新儒家則在這個基礎上推陳出新，使道德主體可以通過自我坎陷的轉折而化出政治主體與知性主體。這一創造性的轉折便是新儒家給他們自己所規定的現代使命。很顯然的，這一理論建構必須預設新儒家在精神世界中居於最高的指導地位。這裏顯示出新儒家所設想的中國的現代化與西方的現代化是屬於兩種截然不同的型態。

西方現代化的歷程始於俗世化，即取消了「道統」——基督教——的絕對主宰的地位。其結果是大家都知道的政、教分離。美國的開國領袖傑佛遜曾有一句名言：「無論我的鄰人說上帝有二十個或根本沒有上帝，對我都毫無損害。」這就是說，對於個人最關重要的終極信仰是與民主政治完全不相干的。同樣的原則也適用於科學研究方面。科學知識的成立自有獨立的客觀準則（雖然準則也隨着科學的發展而變動），科學家本人究竟是無神論者、一神論者或多神論者都不能影響到他的研究的結果。所以西方現代社會的特徵之一是政治、宗教、學術、道德、經濟、藝術各個領域都相對獨立，其中沒有任何一個領域可以特殊自居，而凌駕於其他領域之上。唯一的逆流是馬克思主義的「新道統」，但今天也已崩潰了。最近二、三十年來，西方的自由主義者甚至已開始懷疑民主究竟是不是先要有一套哲學理論的基礎？是不是在宗教信仰退位以後，我們還必須重建一套俗世的共同信仰來取代它的地位？這種思想上的變化是和西方社會日益多元化的趨向分不開的；現代的社會結構越來越不能允許有一羣特殊的人物居於精神領導的地位。反「精英文化」(elite culture)或反「精英主義」(elitism)的聲浪在西方一天天高漲便是這一趨向的明確標誌。思想界和文化界也市場化了，各種品質混雜的貨色都可以自由競爭。這一發展的方向是否健康，自然大可討論，但目前還看不見轉變的跡象。

與西方相對照，新儒家關於中國現代化的設想恰好是一個反命題。西方的舊道統——基督教退位了，新道統——馬克思主義現在也崩潰了，但新儒家不但堅持中國的道統必須繼續佔據原有的中心地位，而且還賦予道統以前所未有的更積極的功能：「開出」政統與學統。這個理論一旦涉及實踐便必然預設一種金字塔式的社會結構。道統自然是掌握在證悟了道體的人的手上，所以新儒家必然居於金字塔的最高一層，為經驗界的一切創造活動提供價值標準。學者和政治家最多只能佔據第二層，因為他們所處理的都是經驗界的對象，不能直接接觸到新儒家的本體世界。嚴格地說，他們祇有在新儒家的道德精神的「浸潤」之下才能開拓中國的現代化。其他一切文化社會活動的領域也都在新儒家的價值系統中各有或高或低的定位，他們對於所謂「人格世界」的劃分多少便反映了他們的社會結構觀。

但是由於新儒家在基本立場上繼承了中國「精英主義」(elitism)的傳統，他們的討論重點是放在金字塔的第一層與第二層之間的。最重要的則是金字塔的塔尖。以新儒家的立「教」形態而言，此塔尖非他們的「教主」莫屬，因為「教主」不但是「道」的最高權威，而且還是從內聖領域「開出」外王的原動力(prime mover)。但在現代社會結構中，我們卻很難為這個塔尖找到一個相應的位置。西方今天雖仍有「教宗」(pope)，但僅屬於天主教一派；並且現代的「教宗」最多只有「內聖」，已與「外王」完全無關。古代儒家的「聖人」論德不論位，也與新儒家的要求（英文所謂claim）不盡符合。關鍵即在於「開出」之說。《中庸》說：「雖有其德，苟無其位，亦不敢作禮樂。」道統「開出」政統與學統正是「作禮樂」的現代說法，所以「德」與「位」缺一不可。這是新儒家教義落在實踐層次上所必有的涵義之一。從歷史上看，與新儒家「教主」約略相應的社會名位祇能是初民社會的「最高祭司」(High Priest)，古代帝國的「國師」或歐洲中古時代的「教宗」之類，但這一類的名位在現代社會的構成原則中卻找不到任何根據。

七、新儒家的心理構造

新儒家的金字塔式的社會構造雖然尚有待建造，但是他們的心理構造早已是金字塔式的，而且已發展到牢不可破的地步。新儒家對整個知識領域所持的態度便是這種心理結構的一種最清楚的表現。他們似乎自信已「優入聖域」，因此往往流露出一種睥睨古今中外的心態。前面所討論的新儒家道統觀的嚴格性已透露了此中的消息。熊十力曾明白地說：

> 余嘗衡論古今述作，得失之判，確乎其嚴。宰平戲謂曰：老熊眼在天上。余亦戲曰：我有法眼，一切如量。（見《十力語要初續》，頁一七－一八）

林宰平所用「眼在天上」四字其實不是「戲語」，而是的評；熊十力「我有法眼」四字也不是「戲語」，而是自信。新儒家自信已窺見本體界的最高真理——「道」，因此掌握了絕對的標準，足以判斷古今中外一切義理的是非高下。熊十力又曾面告蕭公權說：

西洋哲學和科學都缺乏妙義，沒有研討的價值。(見蕭公權《問學諫往錄》，臺北，傳記文學出版社，一九七二年，頁一一一)

這話可以代表他對整個知識領域的評價。在新儒家的眼中，西方的哲學和科學都僅僅接觸到現象，而未見本體，所以「缺乏妙義」。這是陸象山評朱子「學不見道，枉費精神」的現代翻版。我們必須記得，新儒家論「學」，必須設「第一義」與「第二義」的分別。第一義是「內聖之學」，屬於本體界，第二義是「學人之學」，屬於現象界。「內聖」之學可以「開出」知識，「學人之學」則決不足以成為上通「內聖之學」的有效保證。他們也偶然對某些「學人之學」──如史學、文學之類──有所肯定。但是我們必須知道，這在他們不過是一種「紆尊垂獎」的表示，並不是承認「學人之學」可以和他們的「內聖之學」處於同一層次。在內心深處，他們其實是把所謂「學人」看作低一等的。試舉一個有趣的例子。呂祖謙(伯恭)曾寫信給陳亮(同甫)，告訴他陸象山很願意和他相聚。「渠云：『雖未相識，每見尊兄文字，開豁軒翥，甚欲得相聚。』覺其意甚勤，非論文者也。」牟宗三《從陸象山到劉蕺山》一書評此事說：

象山之高明爽朗表現於內聖之學……。而陳同甫者則是高明爽朗之表現於「事功之學」者，故重英雄之生命。高明爽朗在此轉而為慷爽。其文字「開豁軒翥」即是英雄主義之慷爽之表現，而此種風格亦特為象山所喜，故「甚欲得相聚」也。象山自與同甫殊途，彼亦不必看得起同甫，然在此「開豁軒翥」上，則是氣味相投者。（臺北，學生書局，一九七九年，頁一五四）

這一大段推想是否合乎事實，姑且不論。最可怪的是中間奇峯突起，冒出了「彼亦不必看得起同甫」一語。這在原來的文獻中是完全沒有著落的。但是這個有意無意之間的「失言」(slip) 恰好反映了新儒家的心理結構：「內聖之學」的陸象山怎麼會當真看得起「事功之學」的陳同甫呢？

新儒家此種心理結構自然有一部分是淵源於中國儒生、文士之流的「狂」的傳統。「文人相輕」、「唯我獨尊」、「目無餘子」、「自鄶以下」之類的心理習慣在兩千多年中從來沒有斷過。「四海習鑿齒，彌天釋道安」，這是晉代名士與名僧的互相標榜；「世無孔子，不在弟子之列」，這是韓愈的自負；「仰首依南斗，翻身倚北辰，舉頭天外望，無我這般人」，這是陸象山的「目無餘子」；「一夕夢天墜，萬人奔號。先生獨奮臂托天起。又見日月列宿失次，手自整布如故，萬人歡舞拜謝」，這更是王艮的自我無限擴大在夢中現形。這一類的例子不勝枚舉。在有些新儒家的身上我們依然可以清楚地看到這種「狂」的精神。甚至新儒家嚴判「古今述作」或「道統」的那種「法眼」，在中國「狂」的傳統中也是無所不在的。讓我們舉兩個例子。清初毛奇齡（西河）論漢以來的經學便具有非常嚴格的「法眼」。當時人說，「西河目無今古，其謂自漢以來足稱大儒者只七人，孔安國、劉向、鄭康成、王肅、杜預、賈公彥、孔穎達也。夫以二千餘年之久，而僅得七人，可謂難矣。」（見全祖望〈蕭山毛檢討別傳〉引姚薏田語。收在《鮚埼亭集》外編卷十二）章太炎大弟子黃侃也是一個有趣的例子。他宣稱只信奉八部書，即《毛詩》、《左傳》、《周禮》、《說文解字》、《廣韵》、《史記》、和《漢書》。此外都不值一顧。所以當時北京大學章門同學贈他一句很傳神的詩句：「八部書外皆狗屁。」（見周作人《知堂回想錄》，香港，一九七〇年，下冊，頁四八三）這當然也可以說是「衡論古今述作，確乎其嚴」了。

新儒家的思想風格與中國「狂」的傳統有淵源，這是不足為異的。特別是新儒家上承陸、王譜系，而陸、王正是理學中「狂」的一派。陸象山之「狂」已見於前。王陽明也是欣賞「狂」的，所以他晚年宴門人於天泉橋，見諸生脫落形跡，而寫出了「點也雖狂得我情」的詩句。但是我並不認為新儒家的風格完全來自中國的舊傳統，其中也有新的成分。新儒家所表現的那種有趣的「君臨」姿態似乎主要是起於對西方人所謂「知性的傲慢」的直接反應。所以我想稱新儒家的心態為「良知的傲慢」。

西方現代有一種「知性的傲慢」是隨着自然科學的興起而出現的。科學的巨大成就誘發了一種意識形態——科學主義（或實證主義）。根據這種意識形態，科學是理性的最高結晶，而科學方法則是尋求科學真理的唯一途徑。因此自然科學（如物理學、生物學）成為知識的絕對標準，因為它所獲得的真理是最精確、最具客觀性的。社會科學雖然也是實證主義思潮下的產物，但其「科學性」已遠不足與自然科學相比，至於人文學科——哲學、神學、史學、文學批評之類——則更低一等了。在實證主義者的眼中，不但自然科學是理性的最高典範，而且自然科學家也體現了人類的最高道德——如無私地追求真理、訴諸理性的說服力、誠實、公正等等。自然科學家是天地間第一等人，因為他們具有最高的「認知的身分」(cognitive status)。社會科學家和人文學者由於在知識上達不到同樣高度的「科學性」，他們在真理的王國中便祇能算是第二等以至第三等的公民了。(參看 Richard Rorty, *Objectivity, Relativism and Truth*，劍橋大學出版社，一九九一年，頁二一－四五；六〇－六二）這當然是一種「知性的傲慢」。在「五四」前後，這一「知性的傲慢」隨着科學主義一齊傳到了中國。從此中國知識界也大體接受了「科學至上」、「科學家是第一等人」的價值判斷。中國的人文學者為了爭取「認知的身分」也不得不借「科學」以自重。「五四」以後，「科學方法整理國故」的運動之所以風行一時，便反映了這一文化心理的轉變。傳統儒學的地位已為科學所取代，道德意義上的「聖人」也讓位於知識意義上的「科學家」了。這一轉變可以說是西方俗世化的一種縮影：科學代替了宗教；科學家代替了牧師。(上引 Rorty 的新作對此多有論及。)

新儒家的「良知的傲慢」是受現代「知性的傲慢」的刺激而產生的反應。我們只要稍一比較兩者的思想結構，便不難看出新儒家其實是科學主義的反模仿。科學主義者講「真理」，新儒家反之以「道體」；科學主義者講「客觀性」，新儒家反之以「主體性」；科學主義者講「事實」，新儒家反之以「價值」；科學主義者講「理性」，新儒家反之以「良知」或「道德理性」(moral reason)；科學主義者講「科學方法」，新儒家反之以「證悟」或「成德工夫」；科學主義者以「認知身分」決定各種學術專業的高下，新儒家反之以「道德身分」；科學主義者講「科學理性」體現德性，新儒家反之以「知識為良知之發用」……。新儒家如此處處與科學主義針鋒相對，一切反其道而行之，而整個系統的內在結構又與科學主義幾乎全相一致，這決不可能是一種偶然的巧合。所以最近情理的解釋是：新儒家為了對抗科學主義，在有意無意之間走上了反模仿的途徑。但反模仿也是模仿的一種，其結果是發展了一套與科學主義貌異情同的意識形態——道德主義。科學主義者以獨占「真理」自負而有「知性的傲慢」，道德主義者則以獨得「道體」自負而有「良知的傲慢」。他們都置身於各自建造的世界的巔峯，頗有「會當凌絕頂，一覽眾山小」之概。但是科學主義者雖然給予社會科學和人文學科以較低的「認知的身分」，但畢竟承認社會人文學術和自然科學同在一個知識世界之內，而所謂科學方法則是人人都能掌握的。所以自然、社會、人文三大類學術只是在「科學性」的程度上有高下之別而已。道德主義者則不然，他們高居本體界，視整個知識領域為低一層次的活動。他們祇要肯「自我坎陷」，知識之事固隨時可以優為之。但知識領域中人若欲取得「道德的身分」，上窺本體，則其事難如上青天，因為「證悟」、「良知呈現」並不是人人所能有的經驗。此所以「良知的傲慢」更遠在「知性的傲慢」之上。(「良知」與「傲慢」無論依舊儒家或新儒家之說，當然都是不能並存的，但這正是我鑄此名詞的用意所在。)

總之，從新儒家第一代和第二代的主要思想傾向來看，他們所企圖建立的是涵蓋一切文化活動的至高無上的「教」，而不是知識性的「學」；他們決不甘心僅僅自居於哲學中的一個流派。這個「教」的地位在歷史上大概只有西方中古的神學和現代國教化的馬克思主義曾經取得過，中國傳統的儒教都沒有達到這樣的地步。如所周知，中古神學和現代馬克思主義都是憑藉着政治權力才取得君臨天下的地位的。新儒家的憑藉則是良知的一點靈明，而不是任何外在的力量，這當然是一個無限艱巨的任務。但是新儒家雖然在現實上距離君臨天下的境界尚遠，他們的君臨心態卻已牢不可破。「良知的傲慢」至少有一部分是從這種心態中派生出來的。

*　*　*　*

以上從交遊和學術兩方面討論了錢先生和新儒家的關係。錢先生和新儒家之間，除了最低限度的共同綱領——闡明中國文化的特性——之外，真是所謂「所同不勝所異」。他們不可能屬於同一「學派」，是顯而易見的。尤其重要的是：他們的分歧恰恰發生在對中國文化的理解上面。這正是章學誠所謂「千古不可合之異同」。

我在本文開始時便已指出：錢先生論學不立門戶。他研究中國史，特別是學術思想史，確具有鮮明而獨特的觀點，但是他從來沒有表示過，他的觀點是唯一正確的觀點；更沒有要求他的學生去發揚他的觀點。所以錢先生像世界上絕大多數的史學家一樣，並無開創「學派」的興趣。因此本文僅在說明錢先生何以不能劃入新儒家一派，但絕不是說：錢先生另創了一個不同的門戶，而我個人則在此以弟子的身分為師門張聲勢。儘管我自己治史受到錢先生的啟發最深最大，但我根本沒有能力繼承錢先生的志業。

為了說明錢先生和新儒家的學術途轍截然異趣，本文不能不對新儒家有所質疑。但這種質疑祇表現了我個人的史學偏見，並不代表錢先生的意見。根據我個人的瞭解，新儒家的主要特色是用一種特製的哲學語言來宣傳一種特殊的信仰。在這個信仰普遍衰微的時代，新儒家如果能發揮一點「起信」的功用，那怕僅僅限於三五徒眾，仍然有益於社會秩序。我個人不但不反對，而且十分願意樂觀其成。但是從史學的角度看，由於新儒家採取了最極端的「六經註我」的方式，其中自不免留有許多值得商榷的地方。總之，新儒家如果僅持「直覺」、「證悟」以建立其關於本體界的信仰，則我們局外的人自然完全沒有說話的餘地。但是一涉及現象世界和它的歷史——包括一般的歷史和思想的歷史——則問題複雜，不是徒恃「良知的傲慢」便能一切迎刃而解的。三、四十年來，我對於海外新儒家的內部演變祇有偶然觀賞的興趣，新儒家從五十年代初的「一炁化三清」到今天的「三清重歸一炁」也是一種富於啟示性的歷史現象。由於新儒家對於我自己的研究工作祇有非常邊緣性的關係，我自覺對於新儒家並沒有什麼特別的成見，最多不過是「道不同不相為謀」而已。這次因為紀念錢先生而涉及新儒家，在我確是一種不得已的意外。最後我願意再鄭重聲明一句，此文僅僅表達了個人的觀點，與門戶或宗派的意識是完全無關的。

一九九一年五月二日初稿寫成，七月二日定稿於臺北旅次

《十批判書》與《先秦諸子繫年》互校記（附〈跋語〉）

一

錢穆先生的《先秦諸子繫年》是近代中國史學界的一部傑出的著作。它不僅對先秦諸子的學術淵源與生卒年代有了全盤的交代，同時也把幽晦了兩千年的戰國史的真象發掘出來了。戰國史的難治是歷來史家所公認的；《四庫全書·董說七國考提要》說：「春秋以前之制度有經傳可稽，秦漢以下之故事有史志可考，惟七雄雲擾策士縱橫，中間一、二百年典章制度蕩然不可復徵。」錢先生在《國史大綱》裏也承認：「本時期的歷史記載因秦廷焚書，全部燬滅。西漢中葉司馬遷為《史記》已苦無憑。……因此本時期史事較之上期

（春秋時代）有些處轉有不清楚之感。」（頁五〇）而《先秦諸子繫年》卻恰恰把中國歷史上這一重大的漏洞填補上了；所以他接着又告訴我們：「著者曾據紀年佚文，校訂《史記．六國表》，增改詳定不下一、二百處，因是戰國史事又大體可說。惟頗有與《史記》相異處，一切論證詳著者所著《先秦諸子繫年》一書。」（同上）同時，他在《諸子繫年》的〈自序〉中曾指出了這部書的幾點長處：一、「余之此書上溯孔子生年，下逮李斯卒歲。前後二百年，排比聯絡，一以貫之。如常山之蛇，擊其首則尾應，擊其尾則首應，擊其中則首尾皆應。以諸子之年證成一子，一子有錯，諸子皆搖，用力較勤，所得較實。此差勝於昔人者一也。」二、「凡先秦學人無不一一詳考。若魏文之諸賢，稷下之學士，一時風會之所聚與夫隱淪假托，其名姓在若存若亡之間者，無不為之緝逸證墜，辨偽發覆。參伍錯綜，曲暢旁達，而後其生平出處師友淵源學術流變之跡，無不粲然條貫，秩然就緒。着眼較廣，用智較真。此差勝於昔人者二也。」三、「於先秦列國世系多所考核。別為通表，明其先後。前史之誤頗有糾正。而後諸子年世亦若網在綱，條貫秩如矣。尋源探本，自無踵誤襲繆之弊。此差勝於昔人者三也。」我們必須瞭解這幾點，然後始能真正認識這部書的價值所在；又必須瞭解錢先生在這一方面的研究所化費的驚人精力，然後才能知道此書中的每一項結論都是經過極大的困難而獲致的。

郭沫若的《十批判書》是抗戰期間一部名著；其中關於先秦諸子思想的論述的確有其新穎之處。而他自己對於這部書也非常的自負，他在該書的後記中說道：「秦漢以前的材料，差不多被我徹底勦翻了，考古學上的，文獻學上的，文字學，音韻學，因明學，就我所能涉獵的範圍內我都作了盡我可能的準備和耕耘。」關於研究的方法，他則又自敘道：「我的方法是把古代社會的發展清算了，探得了各家學術的立場和根源，以及各家之間的相互關係，然後再定他們的評價。我並沒有把他們孤立起來，用主觀的見解去任意加以解釋。」讀了他這兩段自述，我們不禁感到他對先秦史研究所化的功力及其所運用的方法都和錢先生的《先秦諸子繫年》的著述很相像。因此，如果郭氏的話是真實的，那麼即使他所得出的結論和錢先生的偶有相同之處，那最多也不過是「閉門造車，出門合轍」，我們似乎不能隨便懷疑他有掩襲《諸子繫年》之事。這一疑慮，我相信是讀者們在閱讀我這篇文字之前所必然會發生的；不僅讀者如此，就是作者本人在校勘這兩本書的過程中，也時時懷着同樣的警惕。尤其是在今天，我們和郭沫若在政治上是處在絕對敵對的立場上，如果沒有十分證據足以使人信服，這種學術的討論便很可能被人們看作是一種政治性的宣傳。而一切帶着學術面貌的政治宣傳則都不會有絲毫價值。我這篇文字有沒有學術價值是另一問題，但絕不是政治宣傳；因之，我希望讀者們也能在這種瞭解下來接受它。以下是我互校這兩本書的結果。

二

為了使讀者易於瞭解起見，我想順着校勘的次序一條一條地寫在後面：

一、漆雕開 《十批判書》中有兩處說到漆雕開，一在〈孔墨的批判〉中，一在〈儒家八派的批判〉中，都抄自《先秦諸子繫年》的考辨二九〈孔子弟子通考〉及考辨一六三〈諸子攟逸〉兩條。我們先把郭沫若的「考據」歸納於下：

「『漆雕形殘』 《孔叢子．詰墨篇》引作『漆雕開形殘』，形與刑通，漆雕之為漆雕開，殆無疑問。唯因何而『刑殘』，事無可考。《韓非．顯學篇》儒家八派中有『漆雕氏之儒』，又言『漆雕之議不色撓不目逃，行曲則違於臧獲，行直則怒諸侯』，雖同一有姓無名，亦當是漆雕開。王充《論衡．本性篇》載漆雕開言『人性有善有惡』，與宓子賤、公孫尼子、世碩諸儒同，可見漆雕開確曾成一學派。《漢書．藝文志》儒家有『《漆雕子》十三篇』，班固注云『孔子弟子漆雕啟後』，啟即是開，因避漢景帝諱而改。後乃衍文。蓋啟字原作启，與后字形近。抄書者於字旁注以啟字，及啟刊入正文，而則启誤認為后，更轉為後也，這一派既尚勇任氣，藐視權威，自然是有遭受『刑殘』的充分可能。……又《孟子》書中言『北宮黝之養勇也，不膚撓、不目逃，思以一毫挫於人，若撻之於市朝。不受于褐寬博，亦不受于萬乘之君。視刺萬乘之君若刺褐夫。無嚴諸侯，惡聲至必反之。』這和漆雕氏之議很相近。《孟子》又說：『北宮黝似子夏』，大約這位北宮黝也就是漆雕氏的後學，是一位儒家了。」（《十批判書》，頁八六－八七）又在〈儒家八派的批判〉中除重複引了上面的一些資料外，更加了下面一段：「『漆雕氏之儒』是孔門的任俠一派……漆雕究竟是誰呢？孔門弟子中有三漆雕，一為漆雕開、一為漆雕哆、又一為漆雕徒父，但從能構成為一個獨立的學派來看，當以漆雕開為合格，他是主張『人性有善有惡』的人，和宓子賤、公孫尼子、世碩等有同一的見解。王充《論衡．本性篇》替我們保存了這項資料：『周人世碩，以為「人性有善有惡，舉人之善性養而致之則善長，惡性養而致之則惡長」。如此則性各有陰陽善惡，在所養焉，故世子作〈養書〉一篇。宓子賤、漆雕開、公孫尼子之徒亦論性情，與世子相出入，皆言性有善有惡。』」（頁一五〇—一五一）

郭氏這一段話，從資料到判斷，完全抄自《繫年》：

「漆雕開，少孔子十一歲。……《韓非．顯學篇》云：『孔子之死有漆雕之儒』，漆雕亦與子張諸人同其輩行，於孔門為後起，故能於孔子卒後別啟宗風，自闢戶牖。……《韓非》又云：『漆雕之議，不色撓、不目逃，行曲則違於臧獲，行直則怒於諸侯。世主以謂廉而禮之。』《孟子》亦云：『北宮黝之養勇也，不膚撓、不目逃。思以一毫挫於人，若撻之於市朝。不受於褐寬博，亦不受於萬乘之君。視刺萬乘之君，若刺褐夫。無嚴諸侯，惡聲至必反之。』……此皆所謂漆雕儒之風也。《墨子．非儒篇》云：『漆雕形殘』，《孔叢子》作『漆雕開形殘』，則知《韓非》漆雕之為漆雕開也。《漢志》有《漆雕子》十三篇……班注：『孔子弟子漆雕启後』，宋翔鳳《論語發微》謂後字當衍，是也。（又前面尚有雙行注云：宋氏《過庭錄》謂：吾疑启字之訛。啟古字作启，漆雕子名，避景帝諱作開。）」（《先秦諸子繫年》頁七四－七五）。至於郭引王充《論衡》語亦自錢書轉手，〈諸子攟逸〉條《漆雕子》十三篇項下云：「《論衡．本性篇》謂宓子賤、漆雕開、公孫尼子之徒亦論性情，與世子相出入。」又《世子》二十一篇項下則引論〈本性篇〉文云：「周人世碩，以為人性有善有惡，舉人之善性養而致之則善長，惡性養而致之則惡長。如此則性多有陰陽善惡。故世子作〈養書〉一篇。」

試看郭沫若除了把《繫年》中的資料做了一番「新」的排列之外，曾經增加過半分新的資料嗎？除了在不同的地方分別襲用了錢先生的幾項結論外又幾曾有過絲毫自己的意見嗎？這樣的抄襲是一望而知、無由辯解的。

二、稷下　錢先生《繫年》中有〈稷下通考〉一條論證極為豐富，是瞭解先秦學術思想的極重要之關鍵，其中有很重大的新發現。郭沫若在其〈稷下黃老學派的批判〉一文中，竟把錢先生的精密考據輕輕巧巧地奪去了。郭氏說：「齊國在威宣兩代還承繼著春秋末年養士的風習，曾成為一時學者薈萃的中心，周秦諸子的盛況是在這兒形成了一個最高峯的。

《史記．田齊世家》云：『宣王喜文學遊說之士，自如騶衍、淳于髡、田駢、接子、慎到、環淵之徒七十六人，皆賜列為上大夫，不治而議論。齊稷下學士復盛，且數百千人。』所謂『稷下』是在稷門之下，稷門是齊國國都的西門。劉向《別錄》云：『齊有稷門，齊之城西門也。外有學堂，即齊宣王所立學宮也。故稱為稷下之學』（《太平御覽》卷十八「益都」條下所引）但既言宣王時『稷下學士復盛』，則稷下之學不始於宣王，故徐幹《中論》云『齊桓公立稷下之宮，設大夫之號，招致賢人而尊寵之。孟軻之徒皆遊於齊』（〈亡國篇〉）。這位『齊桓公』便是齊宣王的父親威王，也就是上舉陳侯因資敦的『孝公桓公』了。稷下之學直至襄王時猶存。（下引〈孟荀列傳〉一段頗長，從略。）」（頁一五九）

《繫年．稷下》條則云：「扶植戰國學術使臻昌隆盛遂之境者，初推魏文，既則齊之稷下。稷下者，《史記．田齊世家．集解》引劉向《別錄》云：『齊有稷門城門也。談說之士期會於稷下也。』（原注又云：「《太平寰宇記》卷十八，益都下，引《別錄》云：『齊有稷門，齊之城西門也。外有學堂，即齊宣王立學所也，故稱為稷下之學。又莒子如齊，盟於稷門。又《史記》云：談說之士會於稷下。皆此地也。』」）……徐幹《中論．亡國篇》：『齊桓公立稷下之宮，設大夫之號，招致賢人而尊寵之，孟軻之徒皆遊於齊。』是稷下始於田午也。（原注又云：按此說極少見，《中論》以外無言者。……）《新序》：『騶忌既為齊相，稷下先生淳于髡之屬七十二人，皆輕騶忌，相與往見。』是威王時已有稷下先生之稱也。〈田齊世家〉：『宣王喜文學游說之士，自如騶衍，淳于髡、田駢、接子、慎到、環淵之徒七十六人，皆賜列第為上大夫，不治而議論。齊稷下學士復盛，且數百千人』，是至宣王時而稷下大興也。《鹽鐵論》：『及湣王奮二世之餘烈，南舉楚淮北，並巨宋，苞十二國。西摧三晉，卻強秦，五國賓從。鄒魯之君，泗上諸侯，皆入臣。矜功不休，百姓不堪，諸儒分散。慎到、接子亡去，田駢如薛，而孫卿適楚。』是稷下先生散於湣王之末世也。〈孟荀列傳〉：『田駢之屬皆已死，齊襄王時，而荀卿最為老師。齊尚修列大夫之缺，而荀卿三為祭酒。』是至襄王時而稷下復興也。至王建之世則無聞。然史稱鄒衍，鄒奭皆稷下先生，是其制猶存也。蓋齊之稷下始自桓公，歷威、宣、湣、襄，前後五世，垂及王建，終齊之亡，踰百年外，可謂盛矣。」（頁二一五—二一六）

錢先生對稷下的歷史考訂如此詳盡，指出了稷下興衰的全部歷程；而郭沫若不但全用錢氏的資料，而且還說：「既言宣王時『稷下學士復盛』，則稷下之學不始於宣王。」好像是他的大發現似的，真令人為之啼笑不得。

三、慎到　郭沫若把慎到列入「稷下黃老學派」中的一支，又說他是法家。這一見解亦取自《繫年》。郭氏說：「慎到，田駢的一派是把道家的理論向法理一方面發展了的。……慎到的著書，《史記．孟荀列傳》說有『十二論』，發明黃老道德之意，但〈藝文志〉卻說有『四十二篇』，被列於法家。這不知是一是二。現存《慎子》只是殘餘的輯本，雖有七篇之名而每篇均非全豹。七篇之外多佚文。據這輯本《慎子》來看，差不多全部都是法理論，黃老氣息比較稀薄，但這一部分的法理毫無疑問也是道家思想的發展。《荀子．非十二子篇》同樣以慎到、田駢為一派，謂其『當法而無法，下修而好作，上則取聽於上，下則取從於俗。』〈解蔽篇〉言『慎子蔽於法而不知賢，由法謂之，道盡數矣。』〈天論篇〉又言『慎子有見於後，無見於先，有後而無先則羣眾無門。』這些都和現存的輯本《慎子》宗旨相符合。」（頁一七〇—一七一）

《繫年》的〈慎到考〉則云：「今據《史記．孟荀列傳》，慎到趙人，為齊稷下先生，與田駢齊名，至湣王時而去，則慎子事之可信者。至其學術宗旨，則《荀子．非十二子篇》評之曰：『尚法而無法，下修而好作，上則取聽於上，下則取從於俗，終日言成文典，反紃察之則倜然無所歸宿，不可以經國定分，慎到田駢也。』（英時按：前文又有云：「荀子〈非十二子篇〉以慎到、田駢齊稱。」）《荀子．解蔽篇》亦稱之曰：『慎子蔽於法而不知賢』。〈天論篇〉又稱之曰：『慎子有見於後無見於先』。此慎子之學也。其持論蓋為後來道法開源。其『蔽於法而不知賢』則韓非法家之言也。其『有見於後無見於先』則老聃道家之旨也。故《史記》稱之曰『學黃老道德之術』，而《漢志》則謂『申韓稱之』」（頁三九一－三九二）。郭沫若除了對於《慎子》是偽書這一點故示立異外，關於道法的見解和資料都全取《繫年》。

四、荀子年十五之齊　郭書云：「照年代說來，他（按指荀子）十五游學於齊」。（原註：「此據《風俗通．窮通篇》：『齊威宣之時，孫卿有秀才，年十五始來遊學。』《史記．荀傳》及劉向《序錄》作『五十』。荀子晚年及見李斯相秦，五十失之過早。且『五十』不得言『遊學』矣」。）

《繫年》之〈荀卿年十五之齊考〉云：「《史記．荀卿列傳》謂：『荀卿年五十始來游學於齊，至襄王時而最為老師。』不言其來齊在何時。劉向序荀卿書則曰：『方齊宣威王之時，聚天下賢士於稷下，尊寵之。是時孫卿有秀才，年五十始來游學。至齊襄時孫卿最為老師。』應劭《風俗通．窮通篇》則云：『齊宣威之時，孫卿有秀才，年十五始來游學。至襄王時，孫卿最為老師。』今按三說相舛，以年十五之說為是。何者？曰游學是特來從學於稷下諸先生而不名一師，非五十以後學成為師之事也。曰有秀才此少年英俊之稱，非五十以後學成為師之名也。曰始來游學此對以後之最為老師而言，謂卿之始來尚年幼，如從學，而其後最為老師也。且荀卿於湣王末年去齊，至襄王時復來，則始來者又對以後之一再重來而言也。據此則荀卿之齊，其年為十五之年，明矣。」（頁三〇一—三〇二）

在這一條中，郭氏不過約錢氏的考證原文為足註而已。其「且『五十』不得言『游學』矣」一語更顯然是概括錢氏的論證而來。

五、列禦寇　郭云：「列禦寇我們要說他是一位辯者，或許有人會詫異，但《戰國策．韓策》裏面有說到他的學說傾向的一段故事，確和『正名』有關。『史疾為韓使楚。楚王問曰：客何方所循？曰：治列子圉寇之言。曰何貴？曰貴正。王曰：正亦可以為國乎？曰可。王曰：楚國多盜，正可以圉盜乎？曰可。曰以正圉道奈何？頃聞有鵲止於屋上者，曰請問楚人謂此鳥何？王曰：謂之鵲。曰：謂之烏可乎？曰：不可。曰：今王之國有柱國、令尹、司馬、典令，其任官置吏必曰廉潔勝任。今盜賊公行而弗能禁也，此烏不為烏，鵲不為鵲也。』『烏不為烏，鵲不為鵲』便是『名不正』；必須烏須為烏，鵲須為鵲；然後才得其『正』。這雖然只是史疾轉述的話，但由此可藉以指定列子所『貴』之『正』，至少是有『正名』的成分在裏面的。」（頁二五九－二六〇）

這一段也是照抄《繫年》之〈列禦寇考〉中一段：「……然考〈韓策〉：『史疾為韓使楚，楚王問曰客何方所循？曰治列子圉寇之言。曰何貴？曰貴正。王曰：楚國多盜，正可以圉盜乎？曰可。有鵲止於屋上者，曰：請問楚人謂此鳥何？曰謂鵲。曰謂之烏可乎？曰不可。今王之國有柱國、令尹、司馬、典令，其任官置吏必曰廉潔勝任，今盜賊公行，而弗能禁，此烏不為烏，鵲不為鵲也。』據策文則禦寇實有其人。鄭為韓滅，而韓徙於鄭，史疾在韓，習聞其說。蓋亦上承儒家正名之緒，一變而開道法刑名之端者。……」（頁一六二）

而郭氏竟說：「列禦寇我們要說他是一位辯者，或許有人會詫異」，似乎是自己的特別發現一樣，真是可笑。

六、桓團與公孫龍　郭書：「桓團偽《列子．仲尼篇》作韓檀，其身世不詳，成玄英《莊子疏》以為與公孫龍同是『趙人，客遊平原君之家。』不知何所據。公孫龍倒確是趙人，而且也確曾遊平原君之家。〈藝文志〉名家有『《公孫龍子》十四篇』，楊雄《法言》稱『公孫龍詭辭數萬』，然今書僅存六篇──〈跡府〉、〈白馬〉、〈持物〉、〈通變〉、〈堅白〉、〈名實〉：就中〈跡府〉一篇顯係後人雜纂，數萬詭辭僅存一千八百餘言而已。」（頁二八二）

《繫年》則云：「《莊子．天下篇》稱：『桓團公孫龍辯者之徒。』桓團，《列子．仲尼篇》作韓檀，成玄英疏《莊子》亦謂是趙人，客游平原君家，未詳何據。當時平原君之門，名家之學蓋亦盛矣。公孫龍著書，《漢志》名家著錄十四篇。揚雄《法言》稱：『公孫龍詭辭數萬』，今所傳僅五篇，凡二千言，則傳者無幾也。」（頁四二四）

這一段簡直等於稍稍改寫了。《繫年》「未詳何據」四字在《十批判書》改為「不知何所據」。「一千八百餘言」確比「凡二千言」為精確，但更是「欲蓋彌彰」了。

七、法家　錢先生在《繫年》中曾發現戰國變法不始於商鞅，東方變法在先，西方繼之於後，李悝、吳起早已為商君開路。錢先生認為：「至李吳商鞅，乃戰國初期法家，尤不得與韓非並論。」（頁二一二）郭沫若的〈前期法家的批判〉一文便完全根據此點而立論，其中所列舉的幾個人物亦無一不根據《繫年》的考證成果。

郭書云：「法家的產生應該上溯到子產。《左傳．昭公六年》『三月，鄭人鑄刑書』；當時鄭國是子產執政，這至少可以說是新刑律的成文化。晉國的叔向詒書反對，說『先生議事以制，不為刑辟』，而責難子產『相鄭國，作封洫，立謗政，制參辟，鑄刑書，……民知爭端矣，將棄禮而徵於書，錐刀之末，將盡爭之。』子產沒有接受他的意見，但也回答了一封信，說『不能及子孫，吾以救世也』，表明著刑書之鑄是有迫切的必要。……在晉國鑄刑鼎的時候，據《左傳》，仲尼也曾表示反對的意見。『晉其亡乎，失其度矣。』主張晉國當守唐叔之法度，使『貴賤不愆』，和叔向反對子產時意見相差有限。……社會有了變革然後才有新的法家思想出現。故爾法家傾向之濫觴於春秋末年，這件事本身也就足以證明春秋中葉以後在中國社會史上實有一個劃時代的變革。各國都在變法，各國都應該有法家

式的前驅者，特書缺有間，我們不能夠知其詳盡了。」（頁三一七—三一八）

這顯而易見地是錢先生下列一段話的稍加擴大：「其間有二端，深足以見世局之變者，一為禮之變，一為法之興。……何言乎法之興？子產鑄刑書叔向譏之。晉鑄刑鼎孔子非之。然鄭誅鄧析而用其竹刑，刑法之用既益亟。至魏文時，而李克著《法經》，吳起僨表徙車轅以立信。皆以儒家而尚法。蓋禮壞則法立亦世變之一端也。要以言之，則由於貴族階級之頹廢與平民階級之崛興。」（頁一一五—一一六）

郭書又說：「以上我把前期法家追蹤了一遍，除子產是一位時代的前驅者，雖應時而立法，但無一定的法理意識之外，其他如李悝、吳起、商鞅、慎到、申不害便都是以學者立場，以一定的法理為其立法的根據的。但從這兒可以蹤跡出兩個淵源。李悝、吳起、商鞅都出於儒家的子夏，是所謂『子夏氏之儒』，慎到和申不害是屬於黃老學派。但慎子與申子亦復不同，慎子明法，而申子言術，慎子是嚴格意義的法家，申子是法家的變種——術家了。」（頁三四五—三四六）前期法家乃「子夏氏之儒」，是被郭沫若自詡為得意之筆的；他在「改版書後」裏便說：「比較重要的是『子夏氏之儒』的發現。」其實這也是錢先生早就指出來的了。錢先生既說李悝（克）、吳起是子夏、曾西弟子（〈魏文侯禮賢考〉頁一二一、〈吳起去魏相楚考〉頁一七六），又謂法源於儒（〈商鞅考〉頁二二二）。郭氏之說實合此兩條而成。錢先生復敘述前期法家的傳統甚詳，其言曰：「商鞅衛人與吳起同邦土。其仕魏，事公叔痤，而痤又甚賢起。起之為治大倣李克。鞅入秦相孝公，考其行事，則李克、吳起之遺教為多。史稱鞅先說孝公以比德殷周，是鞅受儒業之明證也。其變法，令民什伍相收司連坐，此受之於李克之〈網經〉也。立木南門，此吳起僨表之故智也。開阡陌封疆，此李克盡地力之教也。遷議令者邊城，此吳起令貴人實廣虛之地之意也。《漢志．神農》二十篇，班注：『六國時諸子，疾時怠於農業，道耕農事，託之神農。』師古曰：『劉向《別錄》云：疑李悝及商君所說。』今按重農政，則李悝吳起商君一也。顧劉氏獨不及吳起。重法律亦李悝吳起商君一也。桓譚《新論》稱商君受李悝《法經》以相秦，亦不及吳起。《漢志》兵家有《李子》十篇，沈欽韓曰：『疑李悝』。又有《公孫鞅》二十七篇，《荀子．議兵篇》：『秦之衛鞅，世俗所謂善用兵者也。』是重兵事又李悝吳起商君三人所同也。……人盡誇道鞅政，顧不知皆受之於李吳。人盡謂法家原於道德，顧不知實淵源於儒者。其守法奉公，即孔子正名復禮之精神，隨時勢而一轉移耳。……」（頁二一一—二一二）至慎、申為黃老派，慎到事已見前，申不害亦經錢先生指出：「又謂其意原於黃老道德，此則託為黃老道德之說者，本出申子後」（頁二二三）。這些都是錢先生治史的重要發現，涉及戰國初期的世變，尤非個別年代事實的考訂可比。郭氏竟攘為己有，然後加以推演和穿鑿。他所謂「前期法家」的概念更明明是錢先生所說的「初期法家」，其著書之不德，彌足驚人。至其關於每一位法家的個別抄襲，我們再分別揭發於後。

八、李悝　郭書：「……《漢書．藝文志》有『《李子》三十二篇』，列為法家之首，注云『名悝，相魏文侯，富國強兵。』可惜這三十二篇書已經亡佚……《晉書．刑法志》云『秦漢舊律，其文起自魏文侯師李悝。悝撰次諸國法，著《法經》以為王者之政莫急於盜賊，故其律起於〈盜〉、〈賊〉。盜賊須劾捕，故著〈網〉、〈捕〉二篇。其輕狡越城、博戲、借假不廉、淫侈踰制，以為〈雜律〉一篇。又以其律〈具〉其加減。是故所著六篇而已。然皆罪名之制也。商君受之以相秦。漢承秦制，蕭何定律，除參夷連坐之罪，增部主見知之條，益事律〈興〉、〈廄〉、〈戶〉三篇，合為九篇。』」（頁三一九）

《繫年》則曰：「……《漢志．李子》三十二篇，班注『名悝，相文侯富國強兵。』《晉書．刑法志》：『律文起自李悝，撰次諸國法，著《法經》。以為王者之政，莫急於盜賊，故其律始於盜賊。盜賊須劾捕，故著〈網經〉一篇。其輕狡、越城、博戲、假借、不廉、淫侈踰制，以為〈雜律〉一篇。又以其律具其加減，是故所著六篇而已。商君受之以相秦。』其說本於桓譚。」（頁一二二）

郭氏引《晉書》原文雖稍長，但其為閱《繫年》後所查，實無疑問。此更足以顯出郭氏抄襲之心理狀態也。

又郭書：「……魏文侯時本是人才集中時代，師有子夏、段干木、田子方，臣有翟璜、樂羊、西門豹、吳起，大抵都是儒者。同時還有一位李克，曾參預文侯置相的咨論，《漢書．藝文志》儒家有『《李克》七篇』，注云『子夏弟子，為文侯相』，說者都以為即是李悝的異名，我看是很正確的。因為悝克本一聲之轉，二人時代相同，地位相同，思想相同，而李悝盡地力之教，在《史記．貨殖列傳》及〈平準書〉則說『李克務盡地力』。儒家中既有李克，法家中又有李悝者，也就如儒家中既有『《公孫尼子》二十八篇』，雜家中又有

『《公孫尼》一篇』，〈古今人表〉中把李悝與李克分為兩人，那麼該是班固的錯誤了。」（頁三二三）

這一段無疑是根據《繫年》之〈魏文侯禮賢考〉：「《漢志》有《李克》七篇在儒家。又有李悝為魏文侯作盡地力之教，蓋即李克也。《史記．貨殖列傳》、〈平準書〉皆云：『李克務盡地力』，而〈孟荀列傳〉及《漢書．食貨志》作李悝，《索隱》、《志疑》辨史之誤。崔適《史記探源》則謂『悝克一聲之轉，古書通用，非誤也。』余按：如顏讎由之為顏濁鄒，申棖之為申黨，古多其例。《漢志》有《李子》三十二篇，而別出《李克》七篇者？如法家有《商君》二十九篇，而兵家復有《公孫鞅》二十七篇之類。分部別出，一篇中亦屢見其例（原注：兵家中又有《李子》十篇。沈欽韓曰：『疑李悝』）未足即為二人之證。或至班氏始分為二人也。〈人表〉李悝在三等，李克在四等，此如公季成魏成子亦為二人。司馬遷已不能辨老聃、太史儋、老萊子，宜班固不能知李悝李克矣。」（頁一二二）

九、吳起　吳起之為法家，錢先生既已辨之詳矣。郭氏猶復恃為其獨特之見。他說：「吳起在一般只認為兵家，但其實他也應該是法家的一位重要人物。在先秦文獻中，言兵

時固然早已孫吳對舉，而言法家則是以商鞅吳起對舉的，吳起並不是一位單獨的兵家。」（頁三二三）

錢先生則曰：「孔子以正名復禮繩切當時之貴族，既不得如意，後之言治者，乃不得不捨禮而折入於法。是亦事勢所驅，不獲已也。且禮之與法者本皆出於糾正當時貴族之奢僭。李克吳起親受業於子夏曾西，法家淵源斷可識矣。」（頁一七六）

此外郭沫若所引用的史料，如《史記》、《呂覽》、《韓非子》、《戰國策》等，亦皆轉引自《繫年》，或因《繫年》之指示而引用者，為節省篇幅計，不再抄錄。（見郭書頁三二五—三二六及《繫年》頁一七六）

十、商鞅　郭書：「商鞅是李悝的學生，與吳起同是衛人而年輩較後。他是在魏文武二侯時代儒家氣息十分濃厚的空氣中培養出來的人物，他的思想無疑也是從儒家蛻化出來的。」（頁三二七）

《繫年》則云：「商鞅衛人，與吳起同邦土。……起之為治，大做李克。鞅入秦相孝公，考其行事則李克吳起之遺教為多。史稱鞅先說孝公以比德殷周，是鞅學儒業之明證

也。」（頁二一一）

又郭書：「現存《商君書》除〈境內篇〉殆係當時功令，然亦殘奪不全者外，其餘均非商鞅所作，其作偽之最顯著者當推〈徠民〉與〈弱民〉二篇，前者言及『長平之勝』乃秦昭王四十七年白起破趙長平，坑降卒四十二萬人之事，在商君死後八十二年。後者不僅語襲《荀子．議兵篇》，而言『秦師至，鄢郢舉……唐蔑死於沙重』，乃楚懷王二十八年，秦昭王六年時事，也不是商君所能見到的。」（頁三二九）

《繫年》則云：「……《商君》二十九篇……然全書開首更法第一稱孝公平畫，即已舉孝公之謚，其書非出鞅手，明明顯甚。其他為〈弱民篇〉襲《荀子》，〈靳令篇〉同《韓非》，知其書之成頗晚。而〈徠民篇〉云……。此其文明出長平戰後，……後世言商君變法者，往往以開阡陌與徠民並稱，失之遠矣。」（頁二二三—二二四）

十一、申不害　郭書：「申不害與商鞅正整同時，遲死商鞅一年，其當韓國之政比商鞅之當秦政亦較後，學者多稱『申商』，敘申於商之後，殊覺不甚妥當。申子雖被漢人稱為『法家』，其實他和李悝吳起商鞅等的傾向完全不同，嚴密地說時是應該稱為『術家』的。

《韓非．定法篇》說得很清楚：『今申不害言術而公孫鞅為法。術者因任而授官，循名而責實，操生殺之柄，課羣臣之能者也，此人主之所執也。法者，憲令著於官府，刑罰必於民心，賞存乎慎法，而罰加乎姦令者也，此臣之所飭也。』術是『帝王南面之術』，就是所謂權變，這和法認真說倒是不兩立的東西。『術』導源於黃老，故司馬遷以老莊申韓同傳，而說申『學術以干韓昭侯』，這是很有分寸的。」（頁三三五）

郭氏所定申商年代先後即從《繫年》所定，見「諸子生卒年世約數」：申不害為四〇〇—三三七，商鞅為三九〇—三三八（紀元前）。《繫年》又謂：「《漢書．藝文志》有《申子》六篇，今均佚。韓非之書論之曰：『申不害言術，而公孫鞅為法。術者因任而授官，循名而責實，操殺生之柄，課羣臣之能，此人主所執。法者憲令著於官府，刑罰必於民心，賞存乎慎法，而法加於姦令，此人臣之所師。』……若韓非之言，申子之所以為治，與商君絕異。後世顧以申商齊稱，則誤也。……韓非書言昭侯申子遺事尚多，要其歸在於用術以馭下，與往者商鞅吳起變法圖強之事絕不類。……故自鞅起之變而為申子，又自申子變而為儀、衍，亦戰國時代升降一大節目也。太史公……謂其意原於黃老道德，此則託為黃老道德之說者，本出申子後。」（頁二二二—二二三）此即上引郭氏論商、申「傾向完全不同」的根據，所用資料亦全依《繫年》的線索。

十二、呂不韋與秦始皇　關於呂不韋與始皇的關係錢先生有特別的考證，他否定了始皇為不韋子之說，否定了不韋荐嫪毐替己之說，同時還指出了不韋與始皇之間可能有政治上之衝突。郭沫若便抄襲了這些見解而大作其翻案文章，遂有所謂〈呂不韋與秦王政的批判〉。下面我將分數點證明之：

甲、不韋非始皇之父　郭書云：「秦始皇是呂不韋的兒子，這個傳說只見於《史記》。本傳上說：『呂不韋取邯鄲諸姬絕好善舞者與居，知有身。子楚從不韋飲，見而說之，因起為壽，請之。呂不韋怒，念業已破家為子楚，欲以釣奇。乃遂獻其姬。姬自匿有身，至大期時生子政，子楚遂立姬為夫人。』這傳說雖然得到了久遠而廣泛的傳播，但其本身實在是可疑的。第一、僅見《史記》而為《國策》所不載，沒有其他旁證。第二、和春申君與女環的故事，如像一個刻印的文章情節大類小說。第三、《史記》的本文即互相矛盾而無法說通。關於第三的一層須得加以解釋。怎麼說《史記》本文自相矛盾呢？因為他既說子政母為邯鄲歌姬，然而下文又說『子楚夫人，趙豪家女也』，這怎麼說得通呢？而且子政母既『大期生子』，那還有什麼問題呢？『大期』據徐廣說是大過十二月，據譙周說是大過十月。要是不足期還有問題，既是大過了十二月或十月，那還有什麼問題呢？所以舊時學者對於這一事也就早有人懷疑，明時的湯聘尹認為是『戰國好事者為之』（《史稗》），又如梁玉繩的《史記志疑》認為是司馬遷有意將『大期』字樣寫出，以『別嫌明微』，表示傳說的不可靠。……問題更可以推廣到為什麼會有這樣傳說產生？對於這層，前人也有一些推測。例如王世貞的《讀書後記》便有兩種說法。第一種是認為呂不韋自己有意編造，他想用以暗示始皇，知道他才是真正的父親，應該使他長保富貴。第二種認為是呂氏的門客們洩憤，罵秦始皇是私生子，並使天下人知道秦國是比六國先亡。」（頁三九八—三九九）

錢先生考證則云：「戰國晚年有兩事相似而甚奇者，則呂不韋之子為秦始皇政，而黃歇之子為楚幽王悼是也。然細考之殆均出好事者為之，無足信者。不韋之事梁氏《志疑》力辨之。《史記》本傳云：『姬自匿有身，至大期時生子政。』《集解》徐廣曰：『期十二月也。』梁云：『《左傳》僖十七，孕過期。《疏》云，十月而產，婦人大期。……史公於本紀特書生始皇之年月，而於此更書之，猶云世皆傳不韋獻匿身姬，其實秦政大期始生也。別嫌微明，合於《春秋》書子同生之義，人自誤讀《史記》爾。』王世貞《讀書後辨》說之曰：毋亦不韋故為之說，而洩之秦皇，使知其為真父，長保富貴邪？抑其客之感恩者，故為是以詈秦始皇。而六國之亡人侈張其事，欲使天下之人謂秦先六國亡也。……又明湯聘尹《史稗》辨之曰：『……然則呂易嬴之說，戰國好事者為之。』此辨呂氏之事也。余考〈秦策〉記不韋使秦事有與《史》大異者……不韋納姬之事〈秦策〉固無之，恐已不可信，更何論始皇之為嬴為呂哉？史公載六國時事多本《國策》，比則別據他說見異，此史公之好奇也。（原注：又《史記．呂不韋傳》：『子楚夫人，豪家女也。』顯與不韋獻姬語相乖。……）」（頁四五三－四五四）此可見郭氏無論在資料或論斷上都全依《繫年》。

乙、不韋與嫪毐　郭書：「秦始皇不僅不是呂不韋的兒子，而且毫無疑問地還是他的一位強有力的政敵。秦始皇和呂不韋的鬪爭，一般的人把它看輕了，似乎認為的確是為了介紹嫪毒，為了太后宣淫，所謂『中冓之言不可道也』的那麼一回事。其實就是關係嫪毐的故事，我相信也一定有很大的歪曲……照情勢看，他（按指嫪毐）是和不韋一定有鬪爭的，而《戰國策．魏策》上有一段文字也恰好可以作為這一個推測的證明：『秦攻魏急。或謂魏王曰：秦自四境之內執法以下至於長輓者，故畢曰「與嫪氏乎？與呂氏乎？」雖至於門閭之下，廊廟之上，猶之如是也。今王割地以賂秦，以為嫪毒功，卑體以尊秦，以因嫪毐。王以國贊嫪毐，則嫪毐勝矣。王以國贊嫪氏，太后之德王也，深於骨髓，王之交最為天下上矣。秦魏百相交也，百相欺也。今由嫪氏善秦而交為天下上，上下孰不棄呂氏而從嫪氏？天下必舍呂氏而從嫪氏，則王之怨報矣。』這或人的說法正明明指出呂氏與嫪氏的對立，太后與始皇的對立。……假使呂氏和嫪氏果真是同黨，在嫪氏之誅戮後，秦始皇為什麼還那麼容忍，在一年之後才免呂不韋的相，而且僅僅免他的相？……又再隔『歲餘』，秦始皇要文信侯與其家屬徙蜀，便是充軍實邊，而在前充軍的嫪氏舍人等文信侯一死即被由蜀詔回。這兒對立着的嫪呂二勢力之一消一漲，或遞消遞漲，不是很明白的嗎？」（頁四〇〇－四〇三）……又云：「直至十二年，文信侯不韋死，其賓客數千人竊葬於洛陽北芒山，『其舍人臨者晉人也，逐出之。秦人六百石以上，奪爵；五百石以下不臨，遷，勿奪爵』，而到了秋天來，則『復嫪舍人遷蜀者』。如果沒有對立相克，這事實的錯綜是無

法說明的。」（頁四〇四）

此亦錢先生書中所先發揮者：「當時秦廷與不韋間必有猜防衝突之情而為史籍所未詳者。始皇幸先發，因以牽連及於嫪毐之事。不韋自殺，諸賓客或誅或逐。（原註：《史》云：『始皇十二年，呂不韋竊葬，其舍人臨者晉人也，逐出之。秦人六百石以上奪爵遷，五百石以下不臨，遷勿奪爵。是年秋，復嫪毐舍人遷蜀者。』此秦廷忌呂氏舍人而寬嫪氏舍人之明證。……）其事遂莫肯明言，而妄造呂政之譏與嫪毐自不韋薦身之說，同為當時之誣史而已。（此下引《國策．魏策》一段亦正郭氏所引者，從略。錢先生復加按語：據此則呂之與嫪，邪正判然。嫪氏顯與呂氏爭政，太后傾私嫪氏。未見嫪之必為不韋所進也。……）」（頁四五〇）

丙、不韋與始皇為政敵　此點為郭沫若之〈呂不韋與秦王政的批判〉全文的精神所貫注之所在，毋須引證。我們再看看錢先生的話吧：「且不韋為秦相國，乃絕不稱道秦政，曰：『周室既滅，天子已絕，以兵相殘，不得休息。』顧抑秦與六國同例。特以周亡而書秦，亦並不許秦為天子，則又何邪？〈功名篇〉又云……。此明譏秦政雖以武強伸於一時，猶不為民之所走也。……方孝孺亦稱其書詆訾時君為俗主，至數秦先王之過無所憚。《史》又稱不韋書成，『布咸陽市門，縣千金其上，延諸侯游士賓客，有能增損一字者予千金』，余疑此呂家賓客借此書以收攬眾譽，買天下之人心，儼以一家《春秋》，托新王之法，而歸諸呂氏。如昔日晉之魏、齊之田。為之賓客舍人者未嘗不有取秦而代之意。即觀其『維秦八年』之稱，已顯無始皇地位。」（頁四四九—四五〇）

這一節乃是《十批判書》中最嚴重的抄襲。一般典籍如《史記》、《戰國策》之類，為大家所常用，即使所引資料相同，亦難定其是抄襲。但論斷則不然。更明顯的是《繫年》援據湯聘尹的《史稗》以及王世貞的《讀書後記》兩說，而郭氏也恰恰同引此兩書，這便決不是「巧合」了。

三

以上這一段長達萬餘言的互校，已經完全可以使任何人一望而知《十批判書》的確是抄襲了《先秦諸子繫年》。其實我在這裏所舉出來的不過是一些最顯著的例子罷了；其中尚有技術比較高明一點的抄襲如關於「老子」、「鄒衍」等等問題，為了節省篇幅起見，我都略去了。從上面已有的資料來統計，《十批判書》中至少有五批判書（〈儒家八派的批判〉、〈稷下黃老學派的批判〉、〈名辯思潮的批判〉、〈前期法家的批判〉、〈呂不韋與秦王政的批判〉）是基本上根據《諸子繫年》的論旨和資料而立論的。其他各篇雖然沒有這樣嚴重，但抄襲的痕跡卻也處處可見。上舉抄襲，不僅是資料的，而且還是見解的；不僅是部分的、偶然的，而且還是全面的、根本的。這樣大膽的巧取豪奪竟發生在古史名家郭沫若的身上，實在太令人難以想像。抄襲他人著作未嘗不可矇混一時，但遲早總難免於被人揭穿。胡適之先生考證陶弘景的《真誥》乃抄襲《四十二章經》而成，最後說道：「他（陶弘景）的博學高名，他的謹嚴的校訂方法，卻使人不疑心他作偽，所以這二十條居然經過了一千四百年沒有被人偵查出來。」其實宋時朱子已說他「竊《四十二章經》之意為之」；朱子以前又有黃伯思揭發此案。可以見抄襲從來不曾而且永遠也不會是一件很安穩的勾當。郭沫若也可當「博學高名」之稱，方法雖不謹嚴，但無論如何不會有人疑心他抄襲。現在真相如此，殊出意表。

但是上面我們所列舉的證據儘管充分，卻只是一些內證。我們還有沒有其他的證據可以證明郭沫若的抄襲呢？為了解答這一疑慮，我願意在這裏作一番小小的考據。

《十批判書》中公開提到《諸子繫年》的只有下面這一段話：

「九月七日的清早，我到金剛村去訪問杜老，他依然辛勤地在研究墨子。我看見他的書架上有一部錢穆著的《諸子繫年》，便向他借閱。這書我是早就聞名的，但還沒有看過它的內容。翻到公孫尼子的一節，作者的意見和我所見的完全相反。他認為〈樂記〉是抄襲《荀子》、《呂覽》、《毛詩》等書而成的東西，因而他斷定公孫尼子為荀子的門人。我感覺著這樣的論據實在是薄弱得可笑。」

「八日『夜臨睡前，草公孫尼子追記千餘文，駁錢穆之說。』」（後記）（按時為一九四三年）

從這一段話看，郭沫若顯然對《諸子繫年》頗有不屑之意。現在讓我們研究一下《十批判書》究竟寫於何時，看看從時間上能否證明郭氏確有抄襲的可能。然而不幸，《十批判書》的撰寫恰恰是他看了《諸子繫年》以後才開始的。讓我把他寫作的日子排在下面：

1.〈呂不韋與秦王政的批判〉「開始寫作是在九月二十五日，至十月三日夜完成。」
2.〈韓非子的批判〉「（一九四四年）一月十二日又才『開始草〈韓非子的批判〉』，二十日的夜間完成」。
3.〈古代研究的自我批判〉「一九四四年（下同）七月三日開始到十八日止」。
4.〈孔墨的批判〉「七月十九日至八月一日」。
5.〈稷下黃老學派的批判〉「九月一日至十九日」。
6.〈儒家八派的批判〉「九月八日至十一日」。
7.〈莊子的批判〉「九月二十一日至二十六日」。
8.〈荀子的批判〉「十月十五日至三十一日」。
9.〈名辯思潮的批判〉「十一月二十九日。至一九四五年（下同）的一月中旬。」
10.〈前期法家的批判〉「一月三十日至二月十八日」。

由此可知《十批判書》都是郭氏借回《諸子繫年》以後的產物。郭氏的抄襲從時間上看更是絕對的可能了。尤其值得注意的是他第一篇便寫的是〈呂不韋與秦王政的批判〉，也就是抄襲得最嚴重的一篇。「後記」曾留下了很清楚的抄襲的痕跡：

把公孫尼子寫好之後，我的興趣又掉換了一個方向。九月十三日的日記這樣寫着：「讀《呂氏春秋》，初意欲收集關於惠施之材料，忽爾意動，欲寫呂不韋與秦始皇，寫此二人之鬪爭。呂不韋當為一非凡人物，漢人名之為雜家，其實彼具有集大成之野心，儒道墨法，冶於一爐，細心考之，必有所得。」連接幾天翻來覆去地把《呂氏》讀了好幾遍，我一貫方法是先就原書加以各種注意的標識，再備一個抄本把它們分類摘抄下來，這樣在下筆的時候，便可以左右逢源了。

「興趣又掉換了一個方向」，「忽爾意動」，這些話是緊接着「駁錢穆之說」而寫的，這不很值得我們玩味嗎？郭氏說不出「興趣掉換」以及「意動」的原委何在，不就是他抄襲的明證嗎？更奇怪的是他忽然在後面特別加上一段「我一貫方法」，而他所記的書籍卻只有一部《呂氏春秋》，這種掩飾豈不是「此地無銀三百兩」嗎？豈不是「欲蓋彌彰」嗎？「後記」裏還有一段相似的「欲蓋彌彰」的話：

在前我已經寫了法家的韓非和雜家的呂不韋，從春秋末年以來一直到秦氏，我算作了一個通盤的追踪。假使還有一節須得架一座橋樑的話，那便是韓非以前法家思想的清理。因此我便有了〈前期法家的批判〉以為補充。

這番話的用意原在使人相信他的〈前期法家的批判〉的寫作是有其思想上、研究上的線索的，不是出於「忽爾意動」。可是不巧得很，這篇東西竟又是他抄襲得極多的一篇。這樣一對照，他的抄襲的真相便暴露得更清晰了。

大凡一個人抄襲他人著作或作偽，無論其怎樣小心，無意中總是要露出些馬腳的。這是一種微妙的潛意識作用。《十批判書》裏還存在着不少有趣的證據。《十批判書》的正文裏從來沒有一個字提到錢先生的《諸子繫年》，如果不看「後記」，我們似乎不易發現《十批判書》與《諸子繫年》的關係。那末也許有人會以為假使郭沫若不是弄巧成拙，寫一篇

「後記」來掩飾他的抄襲的話，這一件竊案或者便可以永遠不被人發覺了。其實不然，就是沒有「後記」，我們也還可以在正文裏找出抄襲的證據。

《十批判書》涉及當代學者的意見的並不止錢先生一人，此外如章太炎、梁啟超、胡適、馮友蘭諸先生的考證或解釋都曾受到郭沫若的讚揚、引證，或駁斥。他在涉及這些人的意見時，都直接間接地指出了他們的名字。唯有對於錢先生，抄襲時固然不提，就是反駁時也故意隱去他名字。我略舉幾個例子以見一斑：

一，郭書云：「《禮記．禮運》一篇毫無疑問便是子游氏之儒的主要經典。那是孔子與子游的對話。……王肅偽《家語》謂『孔子為魯司寇』時事，有人爰此以為說，謂孔子為司寇時年五十一，子游年僅六歲，孔子五十五歲去魯，子游年十歲，孔子決不會與十歲以下的孩子談大同小康；因疑大同之說非孔子當日之言。這樣的推斷是大有問題的。」（頁一三六）

這裏的「有人」便是錢先生。錢先生說：「按孔子反魯，子游年二十三。蓋其從遊當在孔子反魯後也。……又《家語》：『孔子為魯司寇，與於蜡，既賓事畢，乃出遊於觀之上，喟然而嘆。言偃侍。』〈禮運〉註亦謂：『孔子仕魯，在助祭之中。』考孔子年五十一為司寇，子游年六歲，孔子五十五歲去魯，子游年十歲，孔子與語大同小康，有是理乎？後人猶有信〈禮運大同〉為真孔子當日之言者，皆坐不知論世考年之咎。」（頁六六）

二，郭書云：「《漢書》云：『《慎子》四十二篇』下班固自註云『先申韓，申韓稱之』……近時學者多謂慎到後於申不害，舉《鹽鐵論．論儒篇》『齊湣王之末，慎到接子亡去，田駢如薛，而孫卿適楚』為證，言慎到於齊湣王末年尚存，則生當在申子之後。但桓寬之說未必可信，而『亡去』二字雖可作為逃亡而去齊解，但亦可作為死亡而去世解，參以班說是應該以後解為妥當的。」（頁三三九）

此所謂「近時學者」亦指錢先生。《繫年》之〈慎到考〉云：「《漢志》法家者流，有《慎子》四十二篇，註：『名到，先申韓，申韓稱之。』夫到與孟子同時，而按《鹽鐵論》，慎子以湣王末年亡去，則慎子輩行當猶較孟子稍後，豈得先申子？」（頁三八九）

三，郭書云：「呂氏輯成這部書的年代，〈序意篇〉裏面表示得很明白，便是『維秦八年，歲在涒灘，秋甲子朔，朔之日良人請問十二紀』云云。『維秦八年』自然就是秦始皇八年……前人不明此例，又以涒灘之歲與後世甲子紀年之逆推不合，遂多立異說，或以為『八』乃六或四之訛，又或以為乃統莊襄王而言，都是削足適履之論。」（頁四〇六）

這裏的「或人」又是出自《繫年》。〈呂不韋著書考〉云：「……《呂氏春秋．自序篇》曰：『維秦八年，歲在涒灘。』黃氏《周季編略》謂：『呂傳書作《春秋》於始皇七年前，八蓋六之偽也。近畢氏校《呂氏春秋》引錢竹汀超辰說。嚴鐵橋以八為四之偽。四年太陰在申，皆未是。』姚文田云：『……而《呂覽》之文實統莊襄言之矣。』今按姚氏之說甚辨而覈。不韋著書實在始皇之七年，而稱維秦八歲者乃始於癸丑。始皇元年實為甲寅，而不韋不以始皇紀元，乃統莊襄言之，其事甚怪。」（頁四四八－四四九）

看了這三條證據，郭氏曾細讀《繫年》並且廣泛援用其中的論證與資料，是毫無可疑的。對於這樣大量引據過的一部書，為什麼無論在正面或反面的場合都隱沒書名呢？又為什麼在《十批判書》本文中完全不肯提「錢穆」兩個字呢？這正是郭氏有意攘取《繫年》的研究成果為己有的證據。他在「後記」中特別就公孫尼子的問題對《繫年》故示不屑，這更是他有意掩飾此竊案的證據。公孫尼子在《繫年》中祇是全書附錄（〈諸子攟逸〉）的一條，錢先生明說：「為余考所未及者，列諸篇為攟逸」，何能援此而否定《繫年》的考證？郭氏不但是「避堅攻弱」，而且是「偷堅攻弱」，其心術不問可知矣。

本來《十批判書》和《諸子繫年》是性質完全不同的著作。《批判》的用意在解釋思想和社會之間的關係，是企圖用馬克思主義由觀點說明先秦諸子反映了怎樣的社會變動。《繫年》則以建立年代學為主，對先秦諸子進行了全面的考訂。因此郭氏本可以坦坦蕩蕩地明引《繫年》，承認自己的解釋是部分地根據錢先生的考證。這樣做完全無損於《批判》的價值——如果真有價值的話。但他不此之圖，竟出之以攘竊，說明了他是一個完全沒有學術誠實的人。這樣一來，我們便不能不對他的一切學術論著都保持懷疑的態度了。

我這一篇考據文字在文字在方法上是與錢先生的《諸子繫年》相通的。我是「排比聯絡，一以貫之」，「以諸篇之抄襲證成一篇」，「用力較勤，所得較實。」同時也是和郭沫若的《十批判書》相通的，「我的方法是把《十批判書》與《諸子繫年》一篇篇地仔細校勘，探得了每一篇抄襲的根源，以及各篇之間的相互關係，然後再下斷語。我並沒有把它們孤立起來看，用主觀的見解去任意加以解釋。」因此「就我所能運用的材料和方法上看來，我的看法在我自己是比較心安理得的。」不過我唯一感到憂慮的是，不知道郭沫若先生看到我這篇考據之後會不會認為「我的意見和他所見的完全相反」，因而「感覺著這樣的論據實在是薄弱得可笑！」

〈《十批判書》與《先秦諸子繫年》互校記〉跋語

這篇文字原題為〈郭沫若抄襲錢穆先生著作考〉，發表在香港《人生》半月刊第八卷第六、七、八期，時間是一九五四年八月和九月，到今天已整整三十七年。現在改用原來的「副題」，收在這裏。

三十七年來，我一直沒有把它收進文集中，這有好幾層原因：第一、這是少作，自然很幼稚。如果重印，最好作一番修改。但是我沒有時間來為此不急之務。第二、一九四九年的秋天，我還在北平，曾在報上讀到郭沫若歌頌史達林的詩：「永恒的太陽，親愛的鋼！」當時覺得肉麻有趣，事後則深鄙作者其人。因此我對郭沫若確是有偏見的。一九五四年寫此文時，一方面落筆甚重，另一方面由於受到《十批判書》的文體的影響（特別是郭氏在「改版書後」中罵董作賓先生的那一段話），行文也流於輕佻刻薄。可以說，我從來便不喜歡自己這篇少作。第三、我手頭早已沒有存稿，也提不起興趣來尋找它。這次重獲舊稿必須感謝吳文津先生的幫助，是他在哈佛燕京圖書館中費力為我查出來的。因為我連發表的年月也弄不清楚了，衹記得是在一九五三或一九五四年。

為了編一部紀念賓四師的集子，我才想起來應該重新看一看這篇少作，然後再決定是否有收入的必要。此文的撰寫起於和錢先生的偶然談話。一九五四年我在新亞研究所進修，天天有機會向錢先生問學。有一次討論戰國時代的變法問題。錢先生偶然提起他在成都的時候，曾有人對他說，《十批判書》中論前期法家是暗用《先秦諸子繫年》的材料和論斷。但錢先生似乎沒有細讀過《十批判書》，因此他問我是不是有同樣的印象。這才引起我仔細檢查《十批判書》的興趣。最初我僅僅把《十批判書》和《諸子繫年》中有關法家的部分對照着讀，但很快便發現其他部分的抄襲更為嚴重（特別是稷下和呂不韋）。全面互校的結果便產生了這篇文字。這完全是我自己「年少好事」的緣故。不過真正逼我寫出來的則是《人生》主編王道先生。我把互校的收穫告訴了他，他覺得這正是可以為《人生》增添熱鬧的題材。今天重印此文，不禁同時引起我對先師和亡友的懷念。

三十七年後重讀舊文，我覺得互校的部分（第二節）基本上是資料的對勘，其真實性是沒有問題的。郭沫若的攘竊，鐵案如山，我一點也沒有冤枉他，而且這一重公案至今仍不甚為世所知，讓它再流傳一次還是有意義的。但是在行文方面，我則作了一些修改，大體上是把過分輕佻刻薄的語句刪除了。整體的內容，甚至風格，則一仍舊貫。我覺得「少作」的面貌還應該保留，否則便失真了。至於廢除舊題，改用副題，則僅僅是為了避免刺激性，以歸於平實。我的意見並無絲毫改變。

郭沫若究竟讀過這篇文字沒有，不得而知。但是中共官方學術界似乎曾注意到它的存在，並且作出了間接的然而又是針鋒相對的反應。幾年之後白壽彝在《歷史研究》上發表了一篇〈錢穆和考據學〉，通篇都是用下流的暴力語言，把錢先生的一切著作，特別是考據著作，罵成一錢不值。此文後來收在他的《學步集》中。其中第四節「錢穆考據的剽竊和誣妄」是專罵《先秦諸子繫年》的，而且處處以吹捧郭沫若的《十批判書》作為對照。讓我抄摘其中幾段，以供欣賞。白壽彝說：

以錢穆對於考據學傳統的無知和對考據學知識的淺陋，是不可能在考據工作上作出什麼成績來的。拿他在考據上的代表作品《先秦諸子繫年考辨》而論，在數量上雖在七百頁上下，但並沒有什麼可取之處；恰恰相反，只有暴露他在考據工作實踐上的荒唐胡來而已。

首先，應該指出來的，是錢穆在這書裏所表現的剽竊行為。他對於以《竹書紀年》校《史記》，從而找出《史記》在紀年上的錯誤，是大為自吹自擂的。他在自序裏提出了《紀年》勝《史記》的五個明證，這五個明證的內容事實上構成了這部書在各國世系年代推算上的主要骨幹。但這五個所謂明證，都是剽竊雷學淇《竹書紀年義證》的……這不只在論點上是剽竊《義證》的，並且在材料上也基本是剽竊《義證》的。錢穆只有在很個別不同意《義證》的細節上提出了《義證》的書名，但對於這五個牽涉很大的問題就絕口不說到《義證》了。他在《義證》以外，還剽竊別的書。友人中曾有以林春溥《戰國紀年》和黃式三《周季編略》跟他的書對勘的，也發現了相當多的剽竊的東西。（見白壽彝《學步集》，三聯書店，一九七八年，頁二九一－

二九二。按：原書出版於一九六二年，這是再版，但文字沒有改動。）

以上是控訴《繫年》全體是「剽竊」而成的。下面再引兩節用《十批判書》來攻擊《繫年》的話。白壽彝一則曰：

《繫年》第一三〇條舉出一個兒說來，而對于兒說即貌辯、昆辯，及〈齊策〉、《呂氏春秋》和〈古今人表〉的記載，他都沒有提，還是郭沫若同志鈎出來了。（原註：《十批判書》，人民出版社一九五四年版，第二五七頁。）第七五條引《鹽鐵論》，說出齊湣王時「諸儒分散」，但對於稷下學風的實質說不出來。這也還是郭沫若同志在《十批判書》中的〈稷下黃老學派的批判〉，才把稷下的內情鈎出來了。（英時按：這一段話似乎承認《繫年》據《鹽鐵論》考出了稷下的史實，則《十批判書》有關稷下的史實取自《繫年》已不打自招了。）……他自還直嚷嚷什「絲絲入扣，朗若列眉」，真是不知人間有羞恥事了。（英時按：此處忽然破口大罵，也特別值得玩

味。)(頁二九五)

再則曰：

〔錢穆〕曾把關於老子的考據輯為《老子辨》專書，由大華書局出版。他費了很多力氣拼湊出來的論斷，經不起郭沫若同志輕輕一擊。郭沫若同志說：「老聃本人，在秦以前是沒有發生過問題的，無論《莊子》、《呂氏春秋》、《韓非子》以至儒家本身，都承認老聃有其人而且曾為孔子的先生。」「《老子》其書是一個問題，老子其人又是一個問題。」(原註：《十批判書》，第一五五頁。)話雖不多，已很可以破錢穆的「老子不得在孔子前」的妄說。至於《老子》這書的著作年代雖不能最後確定，但郭沫若同志認為是戰國中葉的著作，顯然比錢穆之說更為可信。(原註：《青銅時代》，人民出版社，一九五四年版，第二三一──二四四頁。)郭沫若同志曾說了一段話，對錢穆是具有照妖鏡的作用的，很值得在這裏稱引。他說：「道統觀念很強的人如韓愈，認為老聃是道家的人們所假造出來，想借以壓倒孔子的。這是為了爭道統，要想維持孔子絕地通天的尊嚴。」（原註：《十批判書》，第一五六頁。）

這正說破了錢穆的心事。（頁二九七）

白壽彝特別強調《繫年》是「剽竊」而成，又刻意把《繫年》的考據說成一無是處，而《十批判書》則處處精到，充滿創見。在我看來，這兩點似乎正是針對着我那篇〈郭沫若抄襲錢穆先生著作考〉而發。否則也未免太巧合了。我雖然沒有任何證據可以支持我的推測，但是我的直覺告訴我：這一推測大概是雖不中，亦不遠。我詳引白壽彝的原文，也是為了存真。引文的語言正是一九四九年以來中國大陸上的「文化」狀態的忠實反映。但是我所引的還是屬於比較「文雅」的，至於更精彩的樣板，只好請讀者去通讀全文了。無論就語言、文字、思想水平、知識程度或心理狀態說，白壽彝在中共官方「史學家」羣中都是有代表性的。

我想我毋需為《先秦諸子繫年》說任何辯護的話。一九四九年以前的中國學術界對《繫年》的評價大致可以陳寅恪和楊樹達的私下議論為代表。這已引在本書所收〈一生為故國招魂〉文中（見頁二二三）。至於今天大陸非官方的學術界對《繫年》的看法，我祇想指出一項事實，即它的增定本（香港大學出版社，一九五六年）已在大陸上重印流傳多年了。

一九九一年八月二十七日英時記

《周禮》考證和《周禮》的現代啟示

——金春峰《周官之成書及其反映的文化與時代新考》序

清代經學家曾發出「《大易》、《春秋》，迷山霧海」的嘆息。對於《周禮》這部經典，我們也不免有「迷山霧海」的感覺。但《易》和《春秋》之為「迷山霧海」又和《周禮》略有不同，前者的迷霧主要是瀰漫在意義的解釋方面，如《易》有「一名三義」，又有象數和義理兩大流派，《春秋》有「微言大義」，董仲舒已謂「其指數千」。《周禮》一書在內容上是比較確定的，即所謂「體國經野，設官分職」，是一種政治社會的全盤設計，所以現代人常常把它看作中國古代烏托邦的一種具體表現。環繞着《周禮》的迷霧，主要是發生在考證方面。兩千年來，經生學人所問的大致不外以下幾個問題：《周禮》的作者是誰？如果不能確指作者的主名，那麼它究竟是在什麼時代出現的？又是在什麼地區產生的？《周禮》如果是一套有意識的政治社會的設計，那麼它的用意究在何處？

這些問題都是很難解答的，但兩千年來都不斷有人試圖提出種種不同的答案。我對於《周禮》原典未曾下過研究的工夫，因此對於這一經學史上的懸案根本沒有資格發言。不過我曾有幸受業於錢賓四師之門，對《周禮》在中國思想史上的地位的問題一向很感興趣。錢先生民國十八年在《燕京學報》上發表了〈劉向歆父子年譜〉，根據《漢書》中的史實，系統地駁斥了康有為的《新學偽經考》。這是當時轟動了學術界的一篇大文字，使晚清以來有關經今古文的爭論告一結束。那時中國的國學界還在經學的餘波盪漾之中，康有為和章炳麟的門徒遍佈國中，人人心中都存在着「《周禮》是不是劉歆所偽造」這一問題。所以〈向歆年譜〉所引起的震盪決不是今天的學人所能想像的了。兩年以後錢先生又在《燕京學報》上刊布了〈周官著作時代考〉一篇長文，從《周禮》中所表現的宗教、制度、文化各方面論證其書成於戰國晚期，且當在漢代以前。在這篇專論中，錢先生又隨處說明《周禮》為什麼既不可能是周公致太平之書，也不可能出於劉歆的偽造。又過了四十年，錢先生續寫〈讀《周官》〉一篇筆記，補證了有關《周禮》成書時代者數十事，與前文相足（收入《中國學術思想史論叢㈡》，臺北，東大圖書公司，一九七九年）。

錢先生有關《周禮》的著作是我先後研讀過很多次的。由於興趣所在，我也一直留意其他學者的相關論著，特別是《古史辨》第五冊上編所收關於漢代今古文經學的考辨文字。我不敢斷定錢先生〈周官著作時代考〉中所論證諸端是否都確切不易，但是我相信錢先生的研究取徑(approach)是比較踏實的。〈向歆年譜〉和〈時代考〉兩文之所以得到多數專家肯定，正是因為其論證是建立在堅強的歷史事實之上。當時錢玄同先生是唯一堅信康有為《新學偽經考》的人。但是讀了〈時代考〉之後他的信心也不免開始動搖了。他在〈重論經今古文學問題〉中說：

> 凡好學深思之士，對於《周禮》，皆不信其為周公之書。但又有以為係晚周人所作者，如錢穆與郭沫若二氏皆有此說。錢氏撰〈周官著作時代考〉（載《燕京學報》第十一期），謂以何休所云「《周官》乃六國陰謀之書」之說為近情。郭氏撰〈周官質疑〉（見其所作《金文叢考》中），謂「《周官》一書，蓋趙人荀卿子之弟子所為，襲

其師『爵名從周』之意，纂其遺聞佚志，參以己見而成一家言。」我以為從制度上看，云出於晚周，並無實據；云劉歆所作，則〈王莽傳〉恰是極有力之憑證；故仍認康氏之論最確。即使讓一步說，承認《周禮》出於晚周，然劉歆利用此書以佐王莽，總是無可否認的事實。（原載《古史辨》第五冊，頁四六—四七。現收入康有為《新學偽經考》，北京中華書局，一九五六年版，頁四〇七—四〇八）

上引最後一句話便是「讓步」的明確表示。顧頡剛先生最初受錢玄同先生影響很大，推重《新學偽經考》，相信劉歆偽造之說。但晚年在〈周公制禮的傳說和《周官》一書的出現〉中，顧先生也改變了態度，斷定《周禮》出於齊國和別的「法家」之手（見《文史》第六輯，中華書局，一九七九年）。總之，自〈向歆年譜〉和〈時代考〉刊布以來，學術界大體上傾向於接受《周禮》成於戰國晚期的論斷。儘管諸家在具體結論上還有很多分歧，但是探索的方向則已漸趨一致。最重要的是：放棄了《周禮》作者究竟是周公還是劉歆的問題。在我看來，這是現代歷史考證學在觀念上的一個很重要的進步，即對於考證方法的內在限制已有高度的自覺。

清初閻若璩說：「古人之事，應無不可考者，縱無正文，只隱在書縫中，要須細心人一搜出耳。」（《潛邱劄記》卷六）這個看法表現了考證學初興時代的樂觀精神，但事實上絕非如此簡單。「古人之事」之不可考者遠比可考者為多，固不待說。即使可考之「事」，其可確定的程度也往往因材料之多寡和「事」本身的性質而異，未可一概而論。如《周禮》成書的過程及其作者的問題便屬於最難確定的一類。以今天所能看到的有關《周禮》的材料而言，我們根本不可能指實作者的姓名。說《周禮》為周公所作固屬荒唐，說它出於劉歆的偽造也無異是信口開河。其關鍵即在於根據嚴格的考證標準，我們沒有充足的證據來提出「誰是《周禮》的作者」這樣的問題。讓我介紹西方辨偽學上的一個最新的例案來說明這一點。

一九一二年十二月十八日倫敦地質學會宣佈了一個震驚考古學界的重大「發現」，即所謂「辟當原人」(Piltdown man)。一位業餘地質學家道森 (Charles Dawson) 宣稱他在英國的辟當村發掘出原人的頭蓋骨和顎骨，這一「發現」之所以轟動一時是因為「辟當人」的大腦特別發達，足以「證明」人的進化是從大腦開始的，這樣一來，人類進化的理論便必須重新建立了。「辟當人」原來是一個偽造的證據，所謂「原人」的頭蓋骨其實不過是幾百年前的一個死人的。但是這一偽造的發現整整過了四十年才為科學家所偵破。那麼是誰偽造的呢？道森當然是最大的嫌疑犯。但此外至少還有五、六個人也涉嫌在內，其中包括《福爾摩斯探案》的作者科南．道爾 (Sir Arthur Conan Doyle) 和與中國考古學有很深淵源的法籍德日進神父 (Pierre Teilhard de Chardin)。德日進神父是一位卓越的古生物家；他在中國住了二十年以上，參加過周口店的發掘。在華期間，他寫了一本哲學著作——《人的現象》（*The Phenomenon of Man*，英譯本出版於一九五九年），後來又集結了一本論文和講演集——《人的未來》（*The Future of Man*，英譯本出版於一九六四年），由於教廷的禁止，這兩部書都是在他一九五五年逝世以後才問世的，但出版後立即引起巨大的迴響，到了一九六〇年他的人文進化論已席捲了法國的思想界。在存在主義漸衰、結構主義未興之前，德日進主義 (Teilhardism) 代表了法國思想的主流（詳見 Claude Cuenot, *Teilhard de Chardin: A Biographical Study*，英譯本，London，一九六五年；H. Stuart Hughes, *The Obstructed Path,*

New York，一九六八年，頁二四七—二六一）。

科南．道爾和德日進為什麼成為「辟當人」的造偽嫌疑犯呢？科南．道爾住在辟當村附近，和道森很熟，同時又對化石有很大的興趣。由於他的想像力特別豐富，因此有人懷疑「辟當人」的「發現」是他故作狡猾。德日進的嫌疑更深，他參加了道森的發掘，「辟當人」發現時，他是兩個見證人之一。不但如此，他的人文進化論即假定人的「意識」早起於「人類」(Homo sapiens) 出現之前。「辟當原人」的大腦特別發達，從「思想線索」而言，恰好為他提供了「科學的」證據。

一九五三年「辟當人」偽造案初被揭破時，大家的注意力主要集中在道森一個人的身上。後來才有學者逐漸懷疑道森的後面一定還有別人。四十年來這一辨偽工作已引出了無數考證的文字，上述科南．道爾和德日進的涉嫌不過是其中兩項而已。一九九〇年六月五日《紐約時報》報導，今年秋季英國牛津大學出版社將刊行美國人類學家斯賓塞 (Frank Spencer) 一部辨偽專著——《辟當：一個科學的偽案》(*Piltdown: A Scientific Forgery*)，據專家的意見，這部專著大概真正揭破了造偽的內幕，也找到了偽案的主犯。在斯賓塞之前，

澳洲的史學家蘭罕 (Ian Langham) 已懷疑造偽的主角可能是基斯 (Sir Arthur Keith)。基斯是二十世紀初崛起於英國科學界的新人；他有顯赫的家世，而且野心勃勃。那時他正提出一種新的進化理論，認為現代人的祖先並不是已發現的爪哇原人之類，而當遠在其先。真正的人類祖先的大腦應該發達得多。「辟當人」正是他的理論所最需要的證據。但是僅僅憑「思想線索」，絕不足入人於罪。重要的是研究者在基斯的一九一二年十二月日記中找到了證據，證明他在地質學會宣佈「辟當人」發現的前兩天已寫好了一篇不署名的報導文章，發表在十二月二十一日出版的醫學學報上。此外，基斯和道森也早有往來，他們在前一年曾會面討論過一些科學問題。「辟當人」頭骨的偽造需要高度的技術處理，決非業餘地質學家道森所能為力。基斯的專業則恰好在這一方面。所以研究者推斷「辟當人」的頭骨和牙齒都是基斯精心泡製出來的，然後交給道森去埋在待發掘的地方。在「發現」的那一天，道森故意約了德日進和大英博物館古生物學的保管人伍德華 (Arthur Smith Woodward) 一同前去，這兩個人因此便成為此一重大「發現」的現場見證人。德日進既治古生物學，又是神父，當然不會說謊；伍德華是古生物學界的領導人，更可以取信於科學界，所以正式宣布「發現」的任務便落在他（伍德華）的頭上。總之，據斯賓塞的考證，「辟當人」是刻意偽造的案件，基斯由此而取得在英國科學界的崇高地位。道森事實上還是從犯；他雖然也因此成名，但是他的本業是律師，所得到的好處是有限的。其餘涉嫌的人，包括德日進、科南·道爾、伍德華等則都已因這次的新考證而獲開脫了。蘭罕和斯賓塞的考證是自「辟當人」辨偽以來最具說服力的理論，足以解釋此案中一切重要的疑點，但是據專家判斷，此案仍不能說已達到了百分之百的確定性，因為造偽者都已逝世，不能當面對質，使他們認罪了。

我介紹這一嶄新的辨偽案和專家的評估，其目的是讓大家瞭解今天科學辨偽的觀念是多麼的嚴格。中國自清末以至「五四」辨偽考證之風盛極一時，成績也相當可觀。但若細加檢查，則輕率斷案的情況往往而有。康有為的《新學偽經考》便是一個最突出的例子。考證辨偽又帶來一種好發驚人之論的風氣，有些人竟動不動便自稱發數千年未發之覆。因此說全部《詩經》都是尹吉甫一人所作者有之，斷定徐福即日本神武天皇者也有之，而且都是以莊嚴的考證面目出現的。康有為根據《漢書·王莽傳》中一句話便敢斷言《周禮》

是劉歆所偽造，而錢玄同先生也竟堅信這句話具有「證據」的力量，這和科學研究所要求的「證據」的標準相去實在太遠了。徐復觀先生晚年撰《周官成立之時代及其思想性格》（臺北，一九八〇年），又回到廖、康的立場，而為說則大異。這裏也有必要略加討論。

徐先生中年以後，專力治學，精神極為可佩。他治學的特色是一方面徘徊於學術與政治之間，另一方面則游移於義理與考據之間。這部晚年作品也具有這兩大特色。徐先生在性格上則頗具「推倒一世之豪傑」的氣概，這也在本書中充分流露了出來。由於《周禮》出於戰國無名氏之說在「現代似已佔有優勢」（頁二），因此他決意要為《周禮》找出有名有姓的作者。但劉歆偽造說早已為廖平、康有為等宣揚得人人皆知，徐先生當然不甘心完全隨聲附和。因此他不得不略變其說，主張《周禮》是由「王莽草創於前，劉歆整理於後」（頁五一）。他在本書中主要運用了兩種論證的方式，一是所謂「思想線索」，一是所謂「時代背景」。無論是根據哪一種論證，他斷定《周禮》都只能出現於王莽、劉歆的時代，徐書立說甚繁，我無法在此一一評述其論點。而且我不是《周禮》專家，也不夠資格細論這個專門的問題。現在我只想稍稍檢討一下他斷定王莽草創《周禮》的歷史根據。這是一個具體的問題，可以與「思想線索」和「時代背景」完全分開，所以我們不妨「攻其一點，不及其餘」。

據徐先生的看法，王莽從公元前七年黜免大司馬到公元前一年再拜大司馬，「這中間有五年多的韜光養晦的時間，以莽的性格，也必有所作為」（頁五二）。徐先生因此推測在這五年多的時間內，王莽一直在「制禮作樂」也就是草創《周禮》。但他第二次以大司馬執政之後，便沒有「親自制作」的時間，只好委之於「典文章」的劉歆，由他整理成書（頁五二）。現在讓我們再看看這部由王莽草創、劉歆整理的《周禮》是在什麼時候出現的，又是以什麼方式出現的。《漢書．王莽傳上》居攝三年（公元八年，按：是年十一月改居攝三年為初始元年，徐先生誤為六月改元）九月劉歆與博士諸儒七十八人曰：

> 攝皇帝遂開秘府，會羣儒，制禮作樂，卒定庶官，茂成天功。聖心周悉，卓爾獨見，發得《周禮》，以明因監，則天稽古而損益焉，猶仲尼之聞〈韶〉，日月之不可階，非聖哲之至，孰能若茲。綱紀咸張，成在一匱。此其所以保佑聖漢，安靖元元

之效也。

這是《周禮》和王莽、劉歆發生聯繫的唯一的文獻證據。康有為便因「發得《周禮》，以明因監」一語而斷定《周禮》「與莽所更法立制略同，蓋劉歆所偽撰也。」（《偽經考》，頁七六）。徐先生對這一段話則有出人意表的理解。他說：

> 細按上下文字，則表面謂《周禮》為莽所發得，實際乃暗示係由莽所製作。在「發得《周禮》」一語之上謂「攝皇帝遂開秘府，會羣儒，制禮作樂，卒定庶官，茂成天功，聖心周悉，卓爾獨見」，這是很奇特的一些話。開秘府而發得《周禮》，怎麼會扯得到「會羣儒，制禮作樂，卒定庶官，茂成天功」的上面去。若《周禮》是周公所作或前人所作，更扯不到制禮作樂、卒定庶官這些事上去。而由「卒定庶官」這句話，可知莽所制之禮，係以官制為主的禮，這不是暗指《周官》，還能作何解釋？若謂此係泛說，則何以前面「遂開秘府」，而後面承之以「發得《周禮》」。縱然王莽

> 對《周禮》特別重視，又如何用得上「聖心周悉，卓爾獨見」這兩句話。因此，前面這幾句話，實際是說的王莽「會羣儒」以製作《周禮》的過程。假定劉歆不是暗示《周禮》是由王莽會羣儒所製作，則在「發得《周禮》，以明因監」下面的「則天稽古，而損益焉」的話，怎能安放得下去。再接著是「猶仲尼之聞〈韶〉，日月之不可階，非聖哲之至，孰能若茲」；從秘府中發現一部書，這部書再有價值，對於發現者怎樣也不能用這些不倫不類的話去歌功頌德。何況「綱紀咸張，成在一匱」，分明是指〈冬官〉尚未製成的情形。因此，上面這些話，是指王莽製造的《周禮》的價值而言的。故結之以「此其所以保佑聖漢，安靖元元之效也」。（頁四四－四五）

我不得不說，徐先生真是求深反惑，極盡曲解之能事。上引〈王莽傳〉中劉歆等人的話明明都是歌頌王莽自己「制禮作樂」的，而徐先生卻讀作全是講《周禮》這部書的。康有為說所發得的《周禮》「與莽所更法立制略同」，至少對原文還沒有誤解。「以明因監」既取自《論語》「周因於殷禮，其所損益可知」和「周監於二代，郁郁乎文哉」等語，則王莽自己的制作自然也是「因」於《周禮》，「監」於周而有所「損益」（原文「則天稽古而損益」）。這段文字是要突出王莽「制作」的貢獻，而不是歌頌他一切照抄《周禮》。不過「因監」「損益」都必須以「稽古」為先決條件，所以王莽才不能不「開秘府、會羣儒」。「開秘府」而「發得《周禮》」當然更增加了王莽「制禮作樂」的價值，因為他參考了前所未見的周代禮制的記錄。

但此時王莽的制作尚未完成，故文中又有「綱紀咸張，成在一匱」之語。「成在一匱」顏師古以為引自《論語》「譬如為山，未成一匱，止，吾止也」是可信的，不過解釋不確而已。劉歆以為此語是說「莽制作已成，尚有未足」，在意義上是正確的，但他以為當引「功虧一匱」作註則反而不妥，因為此處所強調的是「成」而不是「虧」。總之，劉歆等的意思是說王莽的制作大體已就，再加一點點努力便大功告成了。徐先生卻說此說語指〈冬官〉尚未製成而言，實在是想入非非。他認為以〈考工記〉補〈冬官〉是由於「王莽迫切地政治需要，《周官》並沒有全部完成，便把它公開了」（頁五二）。但他沒有想到這個說法和他的基本理論不相容。因為《周禮》如由王莽草創，再由劉歆整理，則不可能到了居攝三年

（公元八年）還缺〈冬官〉部分。照徐先生的推測「王莽草創」《周禮》是在公元前七年至一年之間，「劉歆整理」此書則是公元前一年到公元八年，先後經過了十五年的時間（7 B.C.～A.D. 8）。即使這十五年中他們並不是全力偽造《周禮》，也不致於還是一部殘稿吧。不但如此，徐先生又認為元始四年（公元四年）王莽所引《周官》即是居攝三年（公元八年）劉歆等所說的《周禮》。他說：

> 我推測，制定《周官》，莽在哀帝罷政時已先事草創。及劉歆典文章（按：公元前一年），除完成《三統曆》外，並將王莽所已草創者整理成今日所謂《周官》，至次年而開始援引。又越四年為初始元年（西元八年），為適應政治的要求，乃將《周官》改名為《周禮》。（頁五一）

換言之，劉歆整理了四年的《周官》仍是一部未成之稿，但王莽已開始援引。又過了四年改《周官》為《周禮》而仍然是一部缺了〈冬官〉的殘書，但這部書對於王莽的改制和受命又是如此的重要。這還能算是「合理的推測」嗎？又上引劉歆的一段話，徐先生一再說是暗示《周禮》為王莽所創製，故「發得《周禮》」之「發」可解釋為「發現」也可解釋為「發明」。依徐先生的理解，王莽之所以偽造《周禮》是因為非假托之周公，則其書不尊，而劉歆等之所以「暗示」《周禮》為王莽所造，則因為「若不透出王莽創製之實，而僅係由秘府中發現一部古典，則王莽自身的勳德不著，將縱有比附周公攝政之名，而無周公所以成為周公之實」（頁四六）。這更是非常奇怪的邏輯。王莽一方面造偽，另一方面又唯恐人不知其造偽，這樣才可兼得兩者的好處。這真合乎西諺所謂「既食餅又欲餅在」（To eat the cake and have it）了。其實如我們在前面所指出的，原文「發得《周禮》，以明因監，則天稽古而損益焉」根本便明說王莽既「因」於《周禮》，又有創制，此中本無矛盾，更何須「暗示」呢？

徐先生之所以在〈王莽傳〉原文上如此橫生波瀾也許和他的政治經驗不無關係。他對於現代中國的政治有深刻的瞭解，因此往往不免有以今度古的傾向。這正是他所謂「時代經驗必然在古典研究中發生偉大地啟示作用」（原書〈自序〉）。康有為「托古改制」的觀念已不免有「以今度古」、「以己度人」之嫌。徐先生則更進一步，認為王莽不但「托古改制」，而且唯恐他的「改制」為「托古」所掩，得不到「制作」的美譽，因此必須以「暗示」的方式自暴其偽。在王莽、劉歆的時代，「誠」、「偽」之辨還是很重要的；「則天稽古」也是基本價值。王莽是否曾「托古改制」已是一問題，即使確有「托古改制」之事，他是否願意把這一內幕向社會和盤托出更是一問題。當時社會怎樣看待這種偽造經典的「托古改制」則尤其不能不成為一問題。如果說王莽政權的合法性完全建立在他偽造的《周禮》上面，而這一偽造的事實又必須婉轉「暗示」給人知道，然後才能更顯得王莽的偉大，這樣曲折矛盾的心理恐怕不僅不能求之於漢代，而且也不是任何現代社會所能具有的。事實上，我們只要稍稍回想一下劉歆爭立《左傳》、《毛詩》、《古文尚書》、《逸禮》時所遭到的強烈抗拒，便不難推想經典真偽在當時儒生心中有多麼重要了。劉歆強調《左傳》等是「古文舊書，皆有徵驗」（見《漢書．劉歆傳》），正是要說明這幾部書同是源遠流長的儒家經典，與已立學官之諸經具有同等的價值。但劉歆雖得到哀帝的支持，終不能壓服朝廷諸儒以及執政大臣，最後只有倉皇求去，出補河內太守。在這種極端崇古的風氣下，說王莽、劉歆竟會自暴其偽造《周禮》的隱秘以求增加政治上的聲望，那簡直是不可想像的事。徐先生引《呂氏春秋》、〈王制〉等為解，殊屬比擬不倫，一點說服力也沒有。

前面所引關於「辟當人」偽造案的研究可以使我們瞭解：指控某人作偽是一件極其嚴重的事，如果沒有十分證據，是不能輕率斷案的。據現存有關史料，我們最多只能說劉歆曾利用《周禮》助王莽改制。劉歆是否竄改了《周禮》我們已無充足的證據可資判斷。如果再進一步指控劉歆偽造了全部《周禮》，那便是在製造冤案了。現在徐先生在全無證據的情況下竟把偽造罪硬加在王莽的身上，這就不符合考證學的基本要求了。胡適之先生提倡考證學，有「大膽的假設，小心的求證」的名言。但是這個口號的上半句如果不加分析是很容易引人誤入歧途的。在科學研究中，「假設」(hypothesis) 的地位並不是很容易取得的。凡是能提升到「假設」的地位的問題都預設研究者對於本行的研究現狀和問題的背景知識有一通盤的瞭解。有了這種瞭解之後，他才能判斷怎樣建立「假設」，以及建立什麼樣的「假設」。背景知識也包括材料在內。「假設」縱然有趣，但如果材料不足，則仍然只有放棄。「假設」往往是學術發展的內在理路逼出來的；例如某一問題研究到某一階段遇到了障礙，這便需要建立新的「假設」使研究可以繼續下去。所以在通常的情形下，「假設」的可能性是有限的。什麼樣的「假設」獲得證實的可能性較高，這是研究者必須事先慎重考慮的。因此所謂「大膽的假設」必須理解為在有限可能的範圍內儘量「大膽」，而不是漫無邊際的即興聯想。讓我舉西方考證史上一個「大膽假設」的有趣例子。佛洛伊德 (Sigmund Freud) 在一九三七年發表了一篇轟動一時的論文，題為〈摩西與一神教〉("Moses and Monotheism"，英譯本刊於一九三九年，現有 Vintage 普及版)。在這篇論文中，他提出了一個驚人的「假設」，即摩西不是猶太人，而是埃及人，據他的推測，摩西原來是一個埃及的貴族，甚至王室子弟，與公元前十四世紀中葉的埃及名王伊克拿頓 (Ikhnaton，即 Amenhotep IV，在位年代是 1375~1358 B.C.) 關係極為密切。伊克拿頓創立了一個全新的一神教。由於這個新的一神教 (Aton Religion) 非常不容忍，它未為一般埃及人所接受，只有伊王左右的少數人成了它的信徒，摩西即其中之一人。伊王死後，被迫害的舊教人民起而反抗，埃及的第十八王朝從此走上了衰落的命運。摩西既是新教信徒，伊王死後他在埃及也住不下去了。他當時大概是埃及邊郡 (Gosen) 的領民官，境內恰好有一些猶太人部落。

因此他便利用他的政治權威向他們傳播新宗教，而獲得成功。最後他帶領着這批猶太人離開了埃及。這便是《舊約》中〈出埃及記〉(Exodus) 一段故事的歷史背景。

佛洛伊德為什麼會建立這樣一個「大膽的假設」呢？首先是根據當時宗教史和宗教心理學的研究，《舊約》中的宗教心理現象只有通過這一「假設」才能講得通。他當然也承認《舊約》研究的傳統中有很多不利於這一「假設」的證據，但是在權衡了正反兩方面的證據之後，他覺得還是可以作為一個「假設」而提出來。其次是當時埃及考古和歷史的研究也為他的新說提供了線索。例如據當代埃及古史的權威布列斯德 (James Henry Breasted) 的研究，摩西 (Moses) 毫無疑問是埃及人的名字。佛洛伊德更加以補充，指出許多埃及王的名字後面都帶有 mose 一字，如 Ah-mose, Thut-mose 和 Ra-mose 等。此外當然還有些別的證據，這裏不能詳說了。這個例子可以說明：「假設」無論怎樣大膽，多少總有某些學術發展的內在理路可尋，決不是研究者一時「心血來潮」便可以建立起來的。摩西的事蹟太古遠了，宗教的傳說又經過了種種「神化」，這個「假設」也許如有些專家所批評的，只是一個「壯觀的空中樓閣」（a spectacular castle in the air，Salo W. Baron 語，見 Bruce

Mazlish, ed., *Psychoanalysis and History*, Grosset's Universal Library edition，一九七一年，頁五五），但更值得指出的是佛洛伊德自始至終都僅僅把他的新說看作一個「假設」，全書也都出之以假定的語氣：「如果摩西是一個埃及人」(If Moses was an Egyptian)。他坦白承認證據不足，僅備一說，而把證實的希望寄托在未來的地下發掘上面。但到現在為止，中東的考古還沒有證實這一假設。（參看 Robert Waelder, "Psychoanalysis and History: Application of Psychoanalysis to Historiography" 一文，收在 Benjamin B. Wolman, ed., *The Psychoanalytic Interpretation of History*, Basic Books，一九七一年，頁二五—二七）。

回到《周禮》的問題上，康有為斷劉歆偽造一案便語氣極為堅定，徐復觀先生持「王莽草創，劉歆整理」之說也是如此。他們都給人以「鐵案如山移不動」的強烈感覺。「鐵案如山」的考證當然也是有的，如閻若璩《古文尚書疏證》即是其中之一。但即使「鐵案如山」也未嘗完全沒有商榷的餘地（參看張蔭麟〈偽古文尚書案反控與再鞫〉，收入《張蔭麟文集》，臺北，中華叢書本，一九五六年，頁一—四九）。何況如康、徐兩先生之說最多不過是「假設」而已，而且即使作為「假說」也是屬於最弱的一類。建立「假設」必須掌握住學術上的分寸，這一點中國傳統的考證學家也早已見到。毛奇齡《經問》論及《周禮》有云：

《周禮》自非聖經，不特非周公所作，且并非孔、孟以前之書。此與《史記》、《禮記》皆同時雜出於周、秦之間，此在稍有識者皆能言之。若實指某作，則自坐誣妄，又何足以論此書矣！（引自張心澂《偽書通考》，上海商務印書館，一九三九年，頁三〇二）

這是十分通明的見解，到今天仍不失效。故毛氏在《經問》中力闢劉歆偽造之說。劉歆偽造《周禮》之說出於宋人，而宋人為此說則因激於王安石引用《周禮》為變法的根據。這是大家都知道的事實。但是這兩件事究竟在宋代是怎樣連繫在一起的，還是值得根據第一手資料略作檢討。邵博《邵氏聞見後錄》卷三云：

若孟子欲言周禮，而患無其籍，今《周禮》最後出，多雜以六國之制……鼂伯以更以為新室之書也……予頗疑之。後得司馬文正公《日記》，上主青苗法曰：「此《周禮》泉府之職，周公之法也。」光對曰：「陛上容臣不識忌諱，臣乃敢昧死言之。昔劉歆用此法以佐王莽，至使農商失業，涕泣於市道，卒亡天下，安足為聖朝法也？且王莽以錢貸民，使為本業，計其所得之利，十取其一。比於今日，歲取四分之息，猶為輕也。」……是文正公意，亦以《周禮》多新室之事也。自王荊公藉以文其政事，盡以為周公之書，學者無敢議者矣。

司馬光是最反對王安石變法的人，因此他疑心《周禮》是劉歆所偽，不是周公之書。司馬光的話是當面駁神宗的，說得較為含蓄，但言外之意十分明白。邵博是邵雍之孫，雍與司馬光同居洛陽，交游頗密，見雍子伯溫《邵氏聞見錄》卷十八。伯溫因此得讀司馬光《齋記》、《日記》、《記聞》諸原稿並有摘錄（見《聞見錄》卷十一）。所以上引《日記》決可信為實錄。司馬光之疑及劉歆正合乎徐復觀先生所謂「時代經驗」的啟示。司馬光也許是劉歆偽造說的始作俑者。(按：朱彝尊《經義考》卷一二〇引羅璧論宋人疑劉歆偽作《周禮》即首舉司馬光。)下逮南宋初期，此說已以學術面目出現。洪邁《容齋續筆》卷十六「《周禮》非周公書」條云：

《周禮》一書。世謂周公所作，而非也，昔賢以為戰國陰謀之書，考其實，蓋出於劉歆之手。《漢書．儒林傳》，盡載諸經專門師授，此獨無傳。至王莽時，歆為國師，始建立《周官經》以為《周禮》，且置博士，而河南杜子春受業於歆，還家以教門徒，好學之士鄭興，及其子眾往師之，此書遂行。歆之處心積慮，用以濟莽之惡，莽據以毒痛四海，如五均、六筦、市官、賒貸，諸所興為，皆是也。……王安石欲變亂祖宗法度，乃尊崇其言，至與《詩》、《書》均匹，以作《三經新義》……則安石所學所行實於此乎出。……嗚呼！二王託《周官》之名以為政，其歸於禍民，一也。

這已是清代姚際恆、方苞、廖平、康有為一派人的理論的雛型，但王安石變法所發生的刺激作用仍然清楚地流露了出來。

但「時代經驗」的啟示只能改變我們對古代經典的意義的理解，而無助於解決古典的作者問題。宋人因王莽、王安石假托《周禮》行「禍民」之政，而疑及劉歆偽造，這是由於他們抱着一種牢不可破的「曾謂聖人而有是」的觀念。周公是「聖人」，《周禮》若為「聖人」所作，則不應實行起來反而招亂。劉歆恰好是提倡《周禮》、助王莽「制禮作樂」的人，因此「天下之惡皆歸之」，偽造的罪名便落到了他的頭上。不但如此，細讀上引司馬光《日記》和洪邁《容齋續筆》之文，不難看出他們是以劉歆來影射王安石，前者偽《周禮》，後者著《周官新義》，前後如出一轍。所以在檢討了劉歆偽造說的發生歷程之後，我們可以斷定此說是北宋政爭的產物；它起於意識形態的需要，而不是從《周禮》研究過程中發展出來的「假設」。（按：司馬光熙寧二年〈論風俗劄子〉說：「近歲公卿大夫好為高奇之論……，新進後生未知臧否，口傳耳剽，翕然成風，至有……讀《禮》未知篇數，已謂《周官》為戰國之書」，《溫國文正公文集》卷四十五。）可見北宋初期學者多以《周禮》為戰國時代作品，司馬光且以輕疑為戒。近代持此說最力、影響也最大的是康有為，但《新學偽經考》顯然更是一部提倡「變法」的意識形態之作，並非出於學術上的真知灼見。梁啟超說得很明白：

> 有為早年，酷好《周禮》，嘗貫穴之著《政學通議》，後見廖平所著書，乃盡棄其舊說。（《清代學術概論》，頁五六；《飲冰室專集》，第八冊，北京中華書局，一九八九年出版）

可見康氏對《周禮》一書本無定見，早年「貫穴之著《政學通議》」也同樣出於意識形態的要求。總之，作為學術史的研究言，劉歆偽造說自始即不足以構成一個嚴格意義上的「假設」。康氏《新學偽經考》加以穿鑿鋪張，雖能眩惑一般讀者，此說的破綻卻也因此而畢現了。但是《偽經考》自有其不可磨滅的價值，梁啟超又論此書曰：

> 諸所主張，是否悉當，且勿論。要之，此說一出，而所生影響有二：第一，清學正

統派之立腳點，根本動搖。第二，一切古書皆須從新檢查估價。此實思想界之一大颶風也。（同上）

這一評價是很公允的。陳寅恪在清末親歷這一場思想界的「颶風」，他回憶當時情況說：

曩以家世因緣，獲聞光緒京朝勝流之緒論。其時學術風氣，治經頗尚《公羊春秋》……後來今文公羊之學，遞演為改制疑古，流風所被，與近四十年間變幻之政治、浪漫之文學，殊有連繫。……考自古世局之轉移，往往起於前人一時學術趨向之細微。迨至後來，遂若驚雷破柱，怒濤振海之不可禦遏。（朱延豐《突厥通考・序》，收入《寒柳堂集》，上海古籍出版社，一九八〇年，頁一四四）

陳寅恪並不同情康氏今文公羊之學（見〈讀吳其昌撰《梁啟超傳》後〉，同上書，頁一四九），但這裏說到《偽經考》的客觀影響，竟比之為「驚雷」、「怒濤」，正可與梁啟超的「颶風」互證。

徐著《周官成立之時代及其思想性格》一書，其得其失與《新學偽經考》都有相似之處。從學術研究的觀點看，王莽、劉歆合偽說不但證據更為薄弱、曲解也更為嚴重。但以「時代經驗」的啟示而言，其中確有十分深刻甚至沉痛的地方。徐先生的「時代經驗」是現代極權主義。這一切身的經驗使他把《周禮》的政治社會設計看成了極權主義的雛型。他基本上斷定《周禮》是一部法家的著作，儒學在此書中只有「緣飾」的作用。「讀法——以吏為師」一節便清楚地表明了這一觀點。在論「賦役」和「刑罰」兩節中，他簡直在《周禮》和現代極權主義之間劃下了等號。我不想進一步討論他的說法是否能夠成立，因為這不是幾句話講得清楚的。但是必須說明，如果我不能完全接受他的看法，那並不因為我有任何先入的偏見在作祟。相反的，《周禮》是王莽與劉歆合偽的法家著作這一論斷如果真能成立，在我將是十分歡迎的。因為這為我所謂「漢代儒學法家化」提供了一個最有力的例案（參看我的〈反智論與中國政治傳統〉一文，收在《歷史與思想》，臺北，聯經，一九七六年）。我在這裏只想指出，他因現代極權主義的經驗而對《周禮》採取了澈底否定的態度，這一點確具有重大的時代意義。《周禮》無疑是中國思想史上一部「烏托邦」作品，對整個社會有一套完整的、全面的、系統的設計。這一套烏托邦的設計特別受到儒家型知識人的重視，因為儒家的特色之一便是要「改造世界」。《周禮》既是「周公致太平之書」，兩千年來它對中國知識人的號召作用始終不衰，特別是在危機的時代。因此康有為早年酷好《周禮》，而孫詒讓花了二十年的時間著《周禮正義》也是由於他深信「處今日而論治宜莫若求其道於此經」（《周禮正義．序》）。康有為後來斥《周禮》為偽書，我想主要是因為他已受到西方思想的激發而創造了一套新的烏托邦——《大同書》。今本《大同書》成書年代尚有爭論，但他的「大同」理想醞釀甚早，確在《偽經考》之前。（參看湯志鈞《康有為與戊戌變法》一書中論《大同書》成書年代兩文，北京中華書局，一九八四年，頁一〇八—一三三。此兩文證實了錢賓四師在《中國近三百年學術史》〈康長素〉一章中的「假說」，即康氏在一八八四年雖有「大同」思想，但《大同書》的撰成則遲在一九〇一至一九〇二年。他倒填年月，把《大同書》提早到一八八四年是為了掩飾廖平對他的影響。）自此以後，中國知識人便用各式各樣西方的烏托邦代替了周公的烏托邦。所謂「破舊立新」——

即澈底掃除中國的舊傳統、建立一個全新的現代秩序——逐漸取得政治社會思想上的主導地位。

恰好西方自十七世紀以來出現了一個有力的社會思潮，即相信人類能憑着理性和科學知識建造一個全新的、系統整齊的、理想的社會，從霍布斯到馬克思都在這一思潮的籠罩之下。但是設計和實現這一理想秩序也有一個必要的先決條件，即將舊秩序一掃而光。只有澈底「破舊」之後才能開始「立新」。法國大革命便是這一思潮的體現，所以當時的革命家要改變一切，包括時間和空間的觀念。一星期不再是七天而是十天，度量衡也重新設計過了。這叫做「一切從一張白紙開始」(Starting with a clean slate)。但在實踐中，由於近代世界是以民族國家(nation state)為基本單位，因此每一國家都必須有一個巨大的「中心力量」(central force)在主宰一切（此即霍布斯所說的「怪物」，Leviathan），所有的個人都像是原子一樣，只能在中心力量規定的範圍內活動。這一設想顯然是仿照牛頓的太陽系(planetary system)而來。「中心力量」（實際上即是國家領導人，Sovereign）好像是「太陽」，社會的各部分（包括每一個個人）則如太陽系中的行星，都有其一定的軌道和位置。

太陽系的穩定不能不靠「太陽」，社會系統的穩定也必須有一個強大的「中心力量」。這是吸引了許多西方知識人的一個現代社會系統，可以稱之為「大同國家」(cosmopolis)。西方近代思想史上有許多烏托邦的設計，但以上所刻劃的顯然是其中最有影響力的一型，它適用於列寧和史達林的「無產階級專政」的國家，也適用於希特勒的「國家社會主義」(以上所論參看 Stephen Toulmin, *Cosmopolis, The Hidden Agenda of Modernity*, New York: The Free Press，一九九〇年)。

這一型的西方「烏托邦」對現代中國知識人具有特殊的誘惑力，「五四」以後馬克思主義在中國的泛濫便是明證。我們對這一思想史的現象提出兩點可能的解釋：第一是「五四」時代中國知識人對「科學」的無限信仰。「五四」思想的主流是實證主義，相信社會的發展也可以通過科學的研究而掌握其規律。例如在一九二三年「科學與人生觀」論戰的時期，陳獨秀便肯定孔德(Comte)分人類社會為三個階段之說「是社會科學上一種定律」(見陳獨秀先生序，收在《胡適文存》第二集，卷二〈科學與人生觀序〉附錄一，頁一四一。臺北，遠東圖書公司，三版，一九七一年)。其實陳獨秀這時已是一個馬克思主義者，他當然更相信唯物史觀的「五階段論」是「定律」了。「科學的社會主義」便是在這種思想狀態之下征服了許多中國知識人的。第二，「五四」時代雖然已經沒有人相信《周禮》可以「治國、平天下」了，但是根據一種理想的設計全面改造社會——即「聖人制作」——的傳統觀念則仍然保留在許多知識人的思想習慣之中。這兩個傳統的匯流對於極權主義在中國的興起確發揮了在思想上清宮除道的作用。

為什麼我認為徐復觀先生從極權主義的角度來理解《周禮》中政治社會的設計具有重要的時代意義呢？因為這象徵着中國現代知識人的澈悟和轉向。一百年以來，烏托邦的追求在中國不僅深入人心而且迫不及待。許多知識人似乎都深信，只要他們精心設計的社會改造的藍圖實現了，中國一切的具體問題便會迎刃而解。我們在前面已指出，全面「破舊立新」的想法在西方已有兩三個世紀的歷史。現在我們應該更進一步指出：這一想法在中國傳統中也早有根源。二十世紀四十年代，西方少數傑出的思想家已開始在打破烏托邦的信仰。海耶克 (Friedrich A. von Hayek) 揭露了社會主義的本質，說明它何以不可避免地將引向「奴役之路」(Road to Serfdom)，他的朋友卡爾．波普 (Karl Popper) 則將現代極權主義的源頭上溯至柏拉圖的《理想國》(*Republic*)。波普的《開放社會及其敵人》(*The Open Society and Its Enemies*)這部名著(撰成於一九四三年)最可說明「時代經驗」對於古典的理解所發生的啟示作用。歐戰爆發前後,波普深切體驗到人類的自由正在受到最嚴重的威脅。這威脅來自當時的兩股勢力:史達林的共產主義和希特勒的法西斯主義。兩者有一個共同的特點,即主張對社會進行「大規模的計畫」(large-scale planning)。全面的或大規模的「計畫社會」必然離不開一個計畫中心,這當然非以「導師」或「領袖」為首的一黨專政莫屬了。所以波普也稱極權主義為「領航主義」(dirigism),毛澤東時代中國大陸上流行的「大海航行靠舵手」那首歌便生動地表達了「領航主義」的意思。我們不難看出,極權主義正是上面所說的「太陽系」模式的社會結構的最高發展。波普早年讀柏拉圖的《理想國》和其他有關的著作時,已察覺其中有極權主義的傾向。此時在「時代經驗」啟示之下,重新細讀《理想國》,他更深信西方現代極權主義的思想來源是柏拉圖。

波普親身感受極權主義的威脅,於是澈悟一切全面計畫的烏托邦設想都只能危害人類。他最初想採用另一書名《偽先知:柏拉圖—黑格爾—馬克思》(*False Prophets: Plato–*

Hegel–Marx)，這更可顯出他對一切全面計畫的烏托邦都不信任。他反對計畫社會是有其知識論上的根據的。我們的知識是永遠不會完全的，而且我們隨時都會在知識上犯錯誤。「全面計畫」則必須預設全面的知識和永遠不犯錯誤，因為知識如果不全面或錯誤，那麼整個設計便陷入「一著錯，滿盤輸」的絕境了。其貽害全社會之大而深是不可估量的。波普因此看清了一點：即人間世界是永遠不可能完美的，我們也不能期望找到一副萬靈藥方，把一切社會病痛統統治好。波普的「開放社會」並不完美，而是對知識和批評開放的。它有自我調節的功用，因此無論什麼地方出了問題都可以根據最新的知識求得一種最合理的具體的解決辦法。總之，「開放社會」是對知識開放的，也是和知識共同成長的。（以上所論參看 Karl Popper, *Unended Quest: An Intellectual Biography*, La Salle, Illinois: Open Court，一九七六年，頁一三一一九）。

波普對全面計畫的烏托邦所提出的批評是深刻而澈底的，但是其中所包涵的基本觀點並不新穎。事實上，這是一種局部改革論。胡適在一九一九年和李大釗關於「問題」和「主義」的爭論已接觸到這個基本觀點。由於當時全面設計的烏托邦在蘇聯也不過剛剛開始，弊端未著，所以很難引起人的深思。到了八十年代，中國的「時代經驗」已十分豐富，不少知識人都得到了深刻的啟示，徐復觀先生也是其中之一。他在一九八一年八月二十七日的《日記》上說：

閱《朱子論學切要語》至三七五頁答潘時舉問，謂「今學者亦多來求病根，某向他說顱痛灸頭，腳痛灸腳。病在這上，只治這上便了。更別討甚病根也。」看至此，不覺一驚。因我答石元康書中謂「頭痛醫頭，腳痛醫腳，這有什麼不對」，以糾正他說「不可頭痛醫頭，腳痛醫腳」的想法，不覺與朱子之意暗合。……但我了解到此，已比他遲了二十多年。（見《無慚尺布裹頭歸——徐復觀最後日記》，臺北，允晨叢刊，一九八七年，頁一七〇）

據徐先生的自述，他放棄「求病根」的想法，在年齡上比朱子已遲了二十多年。（朱子上項語錄大約記於他在五十多歲的時候。）這正是我上面所說的「澈悟和轉向」，也是拜「時代經驗」的啟示之賜。徐先生指斥《周禮》中的極權傾向和上述的局部改革的思路顯然是一貫的。波普的「開放社會」也只能通過「頭痛醫頭，腳痛醫腳」的方式逐步改善。所以我認為徐先生對於《周禮》的現代意義的闡發恰好和波普對柏拉圖《理想國》的評論同其取徑，一東一西，互相輝映。研究《周禮》的專家也許會對徐先生的解釋提出種種異議，正如西方專治柏拉圖的學者對波普的論斷多方質難一樣（最近的駁論可看C. D. C. Reeve, *Philosopher-Kings: The Argument of Plato's Republic*, Princeton University Press，一九八八年，頁二〇八—二一三；二三一—二三四；二八一—二八二）。但這完全是另一問題。經典之所以歷久而彌新正在其對於不同時代的讀者，甚至同一時代的不同讀者，有不同的啟示。但是這並不意味着經典的解釋完全沒有客觀性，可以興到亂說。「時代經驗」所啟示的「意義」是指significance，而不是meaning。後者是文獻所表達的原意；這是訓詁考證的客觀對象。即使「詩無達詁」，也不允許「望文生義」。significance則近於中國經學傳統中所說的「微言大義」；它涵蘊着文獻原意和外在事物的關係。這個「外在事物」可以是一個人、一個時代，也可以是其他作品，總之，它不在文獻原意之內。因此，經典文獻的meaning

「歷久不變」，它的 significance 則「與時俱新」。當然，這兩者在經典疏解中常常是分不開的，而且一般地說，解經的程序是先通訓詁考證來確定其內在的 meaning，然後再進而評判其外在的 significance。但是這兩者確屬於不同的層次或領域。（關於 meaning 和 significance 的分別，可參看 E. D. Hirsch, Jr., *Validity in Interpretation*, Yale University Press，一九六七年。）徐先生《周官成立之時代及其思想性格》有訓詁考證，也有「微言大義」。其中考證的部分，特別是關於作者的考證，是大有商榷的餘地的。但是他的「微言大義」則確是有感而發，透露了重要的時代消息。這是值得我們深思的。

金春峰先生最近寫成《周官之成書及其反映的文化與時代新考》一部專著。他回到了《周禮》成於戰國晚期的假設，但是他把這一假設推進了一步，指出這是秦統一前秦地學者的作品。他不但翻遍了一切相關的古代文獻資料，而且更大量地用了現代的考古材料。這是王國維所謂的「二重證據」。這是有關《周禮》研究的一個全新的假設。金先生的假設是不是在本書中完全證實了，這必須要等待專家的詳細評估才能定案，我是不配說話的。但是我承認這是一個非常合理的假設。如果我們已能初步肯定《周禮》是戰國晚期的作品，下一步自然便要縮小此書的地域範圍，找出它究竟是戰國中哪一國的產物。現在雖有三晉（郭沫若）和齊國（楊向奎、顧頡剛）兩種說法，但論證都十分簡單，遠不如金先生此書的詳密周延。所以此書作為「一家之言」是相當卓越的。

由於徐復觀先生的考證最後出，且和金先生的看法處於完全相反的立場，因此金先生在他的書中不得不進行了大量針鋒相對的辯駁。金先生的原稿大部分留在新加坡，我沒有機會讀到他的議論的全部。金先生要我為此書寫一篇序文，我想泛泛數語未免對不住這部用大氣力寫出的專論，所以趁此機會把我平時對於《周禮》研究史的意見寫了出來，以答雅意。十年前承徐復觀先生寄贈《周官成立之時代及其思想性格》，讀後對他老年篤學的精神不禁萬分欽佩。我雖然不同意他的考證，但那時徐先生已患重病，且無緣相見，因此失去了向他當面請益的機會。必須說明，我在本文中對徐先生新說的批評絲毫也不減少我對他的敬意。我也不知道金先生的批評和我有何異同，但是我深信學術是非只有通過往復論辯才能逐漸接近定案。以現階段而言，徐先生的假設未必全非，而金先生和我的假設也未必盡是。不過我和徐、金兩先生卻有一大不同之處：他們兩位都是《周禮》的研究者，而我則是一個旁觀的人，因此我的討論不限於《周禮》考證的本身，而引申到考證學方法論和古典的現代意義等一般的問題。程明道評論王安石有云：

介甫談道，正如對塔說相輪。某則直入塔中，辛勤登攀。雖然未見相輪，能如公之言，然卻實在塔中，去相輪漸近。

徐、金兩先生都已「直入塔中，辛勤登攀」，他們關於《周禮》的考證即使尚「未見相輪」也已「去相輪漸近」。而我這篇討論《周禮》的序文則是不折不扣地「對塔說相輪」。我身在「塔外」，雖然橫說直說，卻始終未近「相輪」一步。這一點是必須向讀者鄭重聲明的。是為序。

一九九〇年六月十六日余英時序於普林斯頓

中國文化的海外媒介

去年十一月十六日的晚上，得到麻州康橋的消息，楊聯陞先生在睡眠中安靜地辭世了。在短短兩個半月之內，繼錢賓四師之後，我又失去了一位平生最敬愛的老師。和錢先生一樣，楊先生是塑造了我個人的學術生命的另一位宗匠。「轉益多師」是現代教育體制的特色，因此每一個學生都不免會受到許多老師的啟發和影響，但是真正能在成學過程中發生關鍵作用的老師畢竟只限於一兩位而已。

十幾年前，曾有人問到我關於師承的問題。我當時便毫不遲疑地指出，我研究中國史受兩位老師的薰陶最深，第一位是錢先生，第二位便是楊先生，我當時是這樣說的：

我到美國後，中國史的業師是哈佛大學的楊聯陞先生。楊先生既淵博又謹嚴，我每立一說，楊先生必能從四面八方來攻我的隙漏，使我受益無窮。因此我逐漸養成了不敢妄語的習慣，偶有論述，自己一定儘可能地先挑毛病。這樣做雖然不能完全免於犯錯，不過總可以使錯誤減少一些。（見〈從「反智論」談起〉，收在《史學與傳統》中）

但是我受益於楊先生的鍾鍊並不僅僅是在研究生的時代。早在一九五六年一月，我寫成《東漢政權之建立與士族大姓之關係》的再稿之後，送呈楊先生指正；恰好這也是他早年研究過的題目，他的批評第一次把我帶進了日本和西方漢學的園地，至今回想，仍歷歷在目。那時我還沒有進哈佛大學研究院。最後一次向他請益是在一九八六年一月，已在我從哈佛轉到耶魯的九年之後。我把《中國近世宗教倫理與商人精神》初稿寫呈他批評，並請求他為此書寫序。這篇序——〈原商賈〉可以說是他用大氣力寫出的最後一篇論學文字。在寫序期間，他曾一再和我通信或電話討論。當時他的健康狀態已不很好，我很擔心這篇序會使他舊疾復發。但由此也可見楊先生對於學問的認真和熱情是一直堅持到底的。從一九五六年一月到一九八六年一月，整整三十年間，我偶有所造述，往往先請他過目，清初學者和文士最推重考證大師閻若璩的博雅，他們的詩文必須經他裁定之後才敢刊布。他們說：「書不經閻先生過眼，譌謬百出，貽笑人口。」對於楊先生，我正有這種感受。不但我個人如此，我還相信，凡是向他請益過的人也都會有同樣的感受。

「自夫子之死也，吾無以為質矣，吾無與言之矣。」莊子這句悲痛的話最能表達我現在的心情。但是我寫這篇文字並不是完全由於私誼的緣故。楊先生無論在西方漢學界或中國史學界都一直處於中心的地位。他的逝世，在中國史的研究方面，也象徵着一個時代的結束。因此我願借此悼念的機會，略述楊先生的治學風格和主要貢獻，以供關心中國史學前途的人參考。

一、康橋初識

一九五五年秋天我初到康橋，參加第二屆「哈佛燕京學社訪問學人計畫」。那時楊先生才四十一歲，但是他的學術事業已如日中天。胡適之先生在一九五三年五月十五日給他的信中推重他是「最淵博的人」；一九五五年冬天，哈佛燕京社社長葉理綏教授（Serge Elisseeff）也曾親口告訴我：楊先生受過最嚴格的現代學術訓練，是最傑出的中國史學家。後來我才知道，他的許多重要的英文論著那時都已發表，並且在西方漢學界引起了普遍而熱烈的反響。其中包括專書如《中國史專題講授提綱》（一九五〇年）、《中國貨幣與信用小史》（一九五二年）以及《哈佛亞洲學報》上的論文和書評。總之，在五十年代中期，楊先生毫無疑問已是世界漢學界「第一流」而兼「第一線」的學人。這裏所用「第一流」和「第一線」的分別是根據楊先生自己所設立的標準。當時有不少人都推許楊先生是漢學界的「第一人」，但是他謙讓未遑。他說：

我想論學問最好不要談第一人，而談第一流學人與第一線學人（或學徒）。凡治一門學問，有了基本訓練，自己認真努力，而且對前人及時賢（包括國內外）的貢獻，都有相當的認識的人，都是第一線學人或學徒。第一流學人則是已經卓然有所成就，他的工作同行決不能忽視的人，其中也有因年老或因語文關係對時賢工作不甚注意，仍不害其為第一流。（楊聯陞〈與周法高先生論漢學人物書〉，一九六三年九月十日，收在周法高《漢學論集》，一九六四年，頁二七）

這一劃分在今天還是完全適用的。

我初到哈佛時，在中國史研究上不但未入「流」，而且也不上「線」，因為我連楊先生的名字都沒有聽見過，也不知道哈佛大學還有中國史研究的課程。記得是一九五五年十月的一個晚上，已故的語言家董同龢先生臨時動議去拜訪楊先生。同行的還有邢慕寰先生。我們三個人當時都是「哈佛燕京訪問學人」。董先生和楊先生是清華老同學，彼此很熟，所以我們連電話也沒有打，便一同闖進了楊府。這是我第一次見到楊先生。那一晚我們天南地北談了很久。他的和易的性情、豐富的學識和通明的見解都給我留下了深刻的印象。但是我離開楊府還是不清楚楊先生的學術背景、路向和他在當時學術界的地位。後來我在給錢賓四師的信中，附帶報告了我和楊先生晤談的情況。我說，據我的觀察，楊先生在中國文史方面的造詣是深度和廣度兼而有之。錢先生很快回我一信，告訴我，「楊君治經濟史有年，弟能常與接觸，定可有益。」我第二次見到楊先生還鬧出了一個趣聞。不久，在費正清先生家中的下午茶會上，費先生介紹我和楊先生交談，並當面說明楊先生是非常著名的史學家，我告訴楊先生，已從錢先生的信中知道他專治中國社會經濟史。但接下去我竟問他專門研究些什麼問題。這一問越發暴露了我的無知和社交技術的拙劣。像楊先生那樣已負盛名的學者也許是第一次聽到一個同行的後輩向他提出這樣魯莽的問題。楊先生的涵養很好，他微笑地告訴我，在美國講中國學問，範圍很難控制，因為學生的興趣各有不同，先生也就不能不跟着擴大研究的領域了。我這一問不久便在哈佛校園內傳為笑柄。其實我的問語是誠懇的，而且是出於對楊先生的敬重。我那時既未讀過他的任何著作，如果用「久仰」一類游辭來敷衍，豈不反而是對他不敬了嗎?他的答語也完全是實話，後來我了解的情況確是如此。

二、從傳統考證到現代史學

楊先生在清華大學時代讀的是經濟系，但是他對史學興趣已超過了經濟學。因此他選修陳寅恪先生的「隋唐史」和陶希聖先生的「中國社會史」。他的畢業論文《租庸調到兩稅法》便是在陳先生指導下寫成的。陶先生創辦《食貨》，對他的影響更大。他在一九八七年所寫的最後一篇學術論文中回憶說：

> 陶師與《食貨》諸君，對聯陞皆有影響，經濟史之轉向，實發於此。（見〈打像為誓小考〉，收在《紀念陳寅恪先生誕辰百年學術論文集》，北京大學出版社，一九八九年，頁二八二）

三十年代，中國史學界諸流競起，但以學術文化的中心北平而言，與西方「科學的史學」相匯合的考證學仍然居於主流的地位。其次則《食貨》派的社會經濟史學也很快地激起了波瀾。由於陶希聖先生任教北大，又同時在清華兼課，考證派中的許多青年史學人才都被吸引到這條新路上來了，楊先生便是其中之一。法國漢學大師戴密微（Paul Demiéville）為《漢學散策》（*Excursions in Sinology*）寫〈導言〉，曾特別指出：

> 楊聯陞的學問出於他把一己的才性靈活運用在中國最好的博雅傳統上面。因此他擅長於對浩博的資料進行精密的分析並從而得出綜合性的結論。（見〈導言〉，頁八）

這一描述是符合實際的，但是我願意略作一點補充。楊先生「觀微知著」的學風並不完全是由於天賦的才能，其中也有後天訓練的成分。他早年對經濟學和社會經濟史的深厚興趣後來擴大到社會科學的其他領域。恰好四十到五十年代，史學和社會科學合流在美國蔚成風尚，楊先生原有的治學傾向也因此發揮得淋漓盡致。「綜合性的結論」正是出於社會科學的要求。他的著名論文如《制度史》所收的〈朝代興衰芻論〉、〈作息考〉、〈侈靡論〉，和《漢學散策》所收〈論「報」〉、〈興建考〉等以及《漢學論評集》所收的許多重要書評，都是以訓詁考證的微觀和社會科學的宏觀相闡發，所涉有人類學、社會學、經濟學、法律學各方面。其中尤以〈論「報」〉一篇最為社會學家所激賞，〈侈靡論〉則從中國傳統經濟思想史上發掘出一種近乎現代凱因斯以來所強調的關於消費的理論。

楊先生的基本功力自然是在中國史學方面，他的每一項研究專題都是先在中國史籍方面積累了豐富的證據，然後才加以整理。這是繼承了清代以來中國樸學的傳統。清代張穆為俞正燮（理初）的《癸巳存稿》寫〈序〉說：

> 理初足跡半天下，得書即讀，讀即有所疏記。每一事為一題，巨冊數十，鱗比行笈中。積歲月，證據周徧，斷以己意，一文遂立。

楊先生的治學程序正是如此，我正式做他的學生五年有半（一九五六年秋到一九六一年冬），後來又和他合教了九年的中國通史和中國制度史（一九六六－一九七七，中間有兩年在香港），關於這一層是我相當清楚的。大體上說，楊先生平時在一定的範圍內博覽羣書，現代社會科學的訓練則在閱讀過程中發生部勒組織的作用。讀之既久，許多具體問題便浮現腦際，而問題與問題之間的層次和關係也逐漸分明，這時有哪些專題值得研究，並且有足夠的材料可供驅使，都已具初步的輪廓，然後他才擇一專題，有系統地搜集一切有關的材料，深入分析，綜合成篇。他的〈興建考〉（即"Economic Aspects of Public Works in Imperial China"，收入英文《漢學散策》，中譯本見《國史探微》）可以說是專題研究的經典之作。

總之，楊先生的論著都是讀書有得的產品，他所提出的問題無一不是從中國史料內部透顯出來的真問題，不但有客觀的基礎而且具自然的脈絡。另一方面，傳統和現代的學術訓練則為他提供了整理、批判、分析和綜合的主觀條件。因此他從不把西方的概念強加於中國材料之上，他的社會科學的修養融化在史學作品之中，而不露斧鑿的痕跡：這是所謂「水中鹽味」，而非「眼裏金屑」。

楊先生的博雅在他的書評中顯露無遺，《漢學論評集》所收四十幾篇英文書評便遍涉語言、官制、考古、地理、邊疆史、文學史、科技史、哲學史、經濟思想史、書畫史、佛教史、史學史、敦煌學等專門領域，包羅了中國文化史的全部。更難能可貴的是他的書評篇篇都有深度，往往能糾正原著中的重大失誤或澄清專家所困惑已久的關鍵問題，其結果是把專門領域內的知識向前推進一步。這正是他所說的「第一線」的工作。讓我舉一個具體的例證來說明這一點。關於陶瓷的製作，明清文獻中常提到一種青料叫做「蘇泥勃」或「蘇勃泥」，又有「蘇麻離」、「撒卜泥」、「撒孛尼」種種異稱。由於這種青料來自回教國家，因此一般也稱之為「回回青」。但這究竟是一種什麼樣的「青料」，則專家之間在五十年代中期還沒有取得定論。一般的意見是以「蘇泥勃」為外國地名，例如傅振倫的《明代瓷器工藝》（一九五五年）解「蘇泥勃青」四字為「蘇門答臘的泥」和「婆羅洲的青」。楊先生在評論一部有關伊朗所藏中國瓷器的著錄（一九五七年出版）時，對這個問題進行了系統的研究，他首先考察中、英、日文現代專著中的各種說法，斷定日本專家之說最為近理，即以「蘇勃泥」是一種石質的外語譯音。但日人追溯「蘇勃泥青」一詞僅到一五九一年高濂的《遵生八牋》為止，且未明言其為「石」。楊先生則在一五八七年周夢暘所編《水部備考》中找到了「回回青又名蘇嘛呢石青」的記載。《水部備考》不但年代更早，而且明著

「石青」兩字。由於此書是官方編纂的，這條證據因此也更具有權威性（見《漢學論評集》，頁二九二—二九六）。我們不要認為這是一個偏僻的小問題而加以輕忽。其實許多歷史上的大問題都是要靠無數小問題的解決才能得到答案的。何況在明代青瓷史上，「蘇勃泥青」早已成了專家之間聚訟紛紜的一個中心問題呢！

楊先生考證精到而取材廣博，但並不是傳統意義下的考證學家；他的訓詁和考證都能為更大的史學目的服務。例如他在〈質子考〉中把《墨子．襍守》篇的「葆宮」和《漢書》的「保宮」以及《三國志》的「保宮」等名詞聯繫起來加以考證，其結果是闡明了貫穿整個中國政治制度史的一個側面。即使撇開社會科學的訓練不說，楊先生所走的「訓詁治史」的一條路本來便近於王國維、陳寅恪，即「從小處著手，從大處著眼」。所以他晚年為新亞書院「錢賓四先生學術文化講座」講《中國文化中報、保、包之意義》（香港中文大學出版社，一九八七年），特別引陳寅恪的話：「依照今日訓詁學之標準，凡解釋一字即是作一部文化史。」（見原書〈引言〉，頁二）這是相當徹底的現代史學精神，超出傳統考證學的範圍了。

三、把中國學術引進西方漢學

楊先生一生成學和事業都在美國，他所發揮的影響主要是在西方漢學界。從另一方面說，他的著述以英文為主，自然也反映了近幾十年來西方漢學的發展。那麼，楊先生在西方漢學界的貢獻對於中國學術界來說是不是一種損失呢？對於他自己的學問造詣而言，又究竟有什麼得失呢？

首先我必須指出，在第二次世界大戰結束的前後，北京大學、浙江大學和中央研究院歷史語言研究所都曾爭聘楊先生去任教或研究，而他也沒有久留美國的打算。但是由於中國的政局變化得太快，他終於沒有能夠回國。可以說，獻身於西方漢學界並不是出於他的選擇。今天回顧起來，這不但是漢學界的幸運，也是他個人學術生命的一大關鍵。如果他在一九四六年完成博士學位後立即回到中國，我可以斷言，他將和其他回國的人文社會科學的人才一樣，淹沒在中國的政治橫流之中。他的主要著作雖然最初出現在西方的漢學界，但五十年代中葉後，臺灣和香港中國文史界的學人和學生開始到美國進修，楊先生在西方漢學方面的重要貢獻終於向中國學術界回流了。

楊先生在西方漢學界從事研究工作，他的英文著作因此和中國學者在本土所發表的研究成品無論在風格上、重點上、或關懷的問題上都有不同。這是無可避免的，因為個人的學術和思想不可能完全擺脫他的研究傳統的影響。在正常情況下，人文學者在出國深造之後總是願意回到自己本土的學術環境中去工作，一方面可以更新本土的研究傳統，另一方面也可以使個人的長處發揮得更充分。在抗日戰爭之前，中國文史學界雖然承認西方的「漢學」有它的重要性，但同時終不免把「漢學」看作是邊緣性的東西。因此第一流中國文史學者都寧可在國內發展自己的研究傳統，而不肯長期留居西方做「漢學家」。前面已指出，楊先生留在美國是偶然的、不得已的。更重要的是一九四九年以後，中國大陸上的文史研究完全另起爐灶，他已沒有本土的研究傳統可以認同了。和他同時在美國留學的文史界朋友回到中國以後，沒有一個人能繼續發揮他的專長，有的更捲入了政治漩渦，身不由己。楊先生楚材晉用，終能在西方漢學研究的傳統中推陳出新，這無論是對他個人或對漢學界來說都是意外的收穫。一九六五年他獲得哈佛燕京講座教授的榮銜，我曾有一小詩賀他。

他的答詩說：

古月寒梅繫夢思，誰期海外發新枝。隨緣且上須彌座，轉憶當年聽法時。

「古月寒梅」分別指胡適之、梅貽琦兩位先生；他一生的學術基礎早已在中國奠定，北大和清華的學風對他具有定型的作用。尤其是胡適之先生和他論學的時間很長，影響更大。「海外發新枝」不僅是指他的學生，而且也包括他自己在內，然而這種發展並不是始料所及的。這首詩最能說明楊先生「飲水思源」的精神。

事實上，楊先生所接受的西方漢學主要是在技術的層面，他真正繼承並發揚的是二十世紀在中國所發展起來的文史研究的傳統。一九四三年他在考慮博士論文題目的時候，便曾求教於胡適之先生，問他「自漢至宋的史料之中，有什麼相當重要而不甚難譯又不甚長的東西嗎？」胡先生建議他譯註《顏氏家訓》（見〈胡適之給楊聯陞的信〉，一九四三年十月二十七日）。後來他決定譯註《晉書．食貨志》，那當是因為一方面經濟史更符合他一貫的治學旨趣，另一方面魏晉南北朝社會經濟史的研究在中國已經形成了一個重要的傳統。我們祇要稍一檢查他在〈導論〉中所引用的參考文獻便立刻可以看出其淵源所在。他不但把中國新興的史學傳統帶進了西方漢學界，而且繼續在西方開拓這一傳統。例如他在《晉書．食貨志》譯註的〈導論〉中關於西晉「占田」制和「課田」制的解釋便是推陳出新的重要創獲。最有趣的是唐長孺在幾年後發表的〈西晉田制試釋〉（收入《魏晉南北朝史論叢》），在這個問題上竟大致與楊先生不謀而合。唐先生是完全在中國本土研究傳統中成長起來的史學家，他不可能讀到楊先生的英文討論，這一巧合只能說明他們所開拓的是同一研究傳統。（後來唐先生寫〈史籍與道經中所見的李弘〉，收入《魏晉南北朝史論拾遺》，又和楊先生〈老君音誦誡經校釋〉有不謀而合之處。這不僅是為史學界的佳話，且可證考史自有其客觀的軌轍。）

我個人認為楊先生對於西方漢學界的最大貢獻毋寧在於他通過各種方式——課堂講授、著作、書評、學術會議、私人接觸等——把中國現代史學傳統中比較成熟而健康的成分引進漢學研究之中。五十年代以後，西方漢學發生重大變化，逐漸和各種不同學科（特別是社會科學）融合起來，而科際溝通更蔚成一時風尚，所以六十年代美國的《亞洲學報》上曾有過「漢學乎？社會科學乎？」的熱烈爭論。主張以社會科學取代漢學的人雖然也離不開經驗研究，但顯然更重視理論或概括性的論斷。楊先生自然歡迎這一新的發展，不過他特別強調任何理論都必須以基本史料的整理和考訂為依據。這不僅是中國樸學的傳統，而且也和美國史學主流派的觀點相近。楊先生緊守「證據」的關口並反覆示人以中國史料所特具的困難和複雜性，因此使得不少後起之秀知所警惕，不敢妄發空論。一九六〇年他在華盛頓大學主持的中美學術合作會議上發言，特別指出美國人研究中國史的往往富於想像力，如果不加以適當控制，他們可能會「誤認天上的浮雲為地平線上的樹林」(mistake some clouds in the sky to be forests on the horizon)，這句妙語曾得到蕭公權先生的激賞（見《問學諫往錄》，頁六四及二二三—二二四）。後來楊先生親口告訴我，這句話其實是他從傅斯年先生那裏借來的。傅先生因為看不慣拉鐵摩爾 (Owen Lattimore) 的信口開河，所以當面用這句話來塞他的嘴。楊先生用中國的研究傳統來矯正西方漢學的流弊，這又是一個明顯的證據。

楊先生自己也隨時隨地點破誤「浮雲」為「樹林」的笑話。最有趣的例子是老一輩漢學名家魏復古 (Karl A. Wittfogel) 的《東方專制論》(*Oriental Despotism, A Study of Total Power*)。為了證明漢帝國大量使用人民的勞動力，魏復古先生根據漢代褒斜道石刻的記載，指出這條驛道的修築一共動用了七十六萬六千八百人，其中只有二千六百九十人是刑徒。可見漢代一般平民被迫服役的數目之大。楊先生在〈興建考〉中告訴讀者，魏復古先生誤解了石刻原文的意思，「七十六萬六千八百」這個數字指的是工作日，築道的人其實便是這二千六百九十個刑徒。換句話說，前一項數字不過是後一項數字乘上工作日的總和而已。這個石刻文件因此完全不能證明漢代政府曾經在公共工程中使用過刑徒以外的勞動力。我敢於肯定地說：由於楊先生的存在，西方漢學界在五十、六十年代減少了許多像魏復古那樣把「浮雲」當作「樹林」的事例。弭患於無形，這是他對漢學的一種看不見的貢獻。

四、中國史學與美國主流史學

我在前面提到楊先生的觀點大致和五十、六十年代美國史學的主流派相近。這句話需要略加解釋，因為六十年代中期以來美國主流史學已受到各種新潮流的衝擊和挑戰，幾乎難以存身，那麼楊先生的觀點在今天是不是已經不合時宜了呢？

楊先生說：他的基本立場是「訓詁治史」，這裏「訓詁」一辭是取西方 Philology 的廣義，即徹底掌握史料的文字意義，尤其重要的是能扣緊史料的時代而得其本義。如果史料中有紛歧錯亂的狀況，治史者則必須運用各種方法加以整理。只有通過對史料的嚴格鑑定和精確理解，比較可靠的客觀史實才能建立得起來。這一層次的工作相當於中國清代以來的所謂考證，但也和十九世紀末葉以來美國史學主流的取徑相近。美國史學主流深受蘭克一派的影響，一方面強調文獻（特別是檔案）的基礎，另一方面則相信歷史世界的客觀性可以通過價值中立的史學研究而發現。基本上這是一種實證主義的觀點。

中國考證的史學傳統雖然也追尋實證的知識，但是和美國的主流史學卻有一點重要的不同之處，即沒有西方那一套知識論的預設。美國史學家一提到「歷史客觀性」的觀念便往往使人聯想到下面種種預設：如歷史世界客觀獨立於研究者的意識之外（所謂 out there）；歷史世界由歷史事實所構成，因此歷史事實也是獨立客觀的，不受研究者的主觀解釋的影響；歷史世界是唯一無二的，研究者所能發現的歷史真理也只有一個，因為歷史真理必須符合歷史世界的實相；研究者對於歷史所提出的解釋是否與事實相符合完全看它是否對於一切相關的歷史事實都能處理得面面俱到；如果解釋與事實之間發生衝突，則必須尊重事實，放棄解釋；研究者自覺地清除一切偏見並運用嚴格的批評方法，不但可以從現存史料中建立事實而且找出史實之間的因果關係。總之，事實與價值之間，歷史與虛構之間，存在着一道不可逾越的界線。

我們當然不難看出，所謂「歷史客觀性」的問題基本上是實證主義知識論在史學領域內的延伸。美國主流史學所招致的批評和懷疑，特別是六十年代以後的各種挑戰，主要是在於它的知識論預設已發展到幾乎是絕對性的程度。（關於這一問題，最近有諾維克 Peter Novick 的一部大書 *That Noble Dream, The "Objectivity Question" and the American Historical Profession*，劍橋大學出版社，一九八八年，作了相當詳細的討論，可以參考。）

二十世紀上半葉中國史學主流雖也有實證論的傾向，但是一般而言，中國史學家對於知識論的預設無深究的興趣，更不必說把這些預設推至其邏輯的極端了。中國史學當然不可能完全沒有預設，但這些預設從來不曾取得天經地義的教條的地位。清代的考證學源於經典文獻的研究，與西方現代實證主義史學師法自然科學的模式大有不同：前者往往用詮釋方法以濟實證之窮；後者則與詮釋處於直接對立的位置。

楊先生出身中國的史學傳統，沒有沉重的知識論預設的負擔。他強調「訓詁治史」，相信中國傳統史學越到後來越重視客觀性，也承認社會科學的概念有助於中國史研究的開展，這是他和美國主流史學相近之處。但是他在「歷史客觀性」的問題上卻沒有照單全收美國史學的預設。因此最近二、三十年來西方對實證主義史學所下的種種針砭其實和楊先生的基本立場全不相干，因為他所謂的「訓詁治史」落在史學研究的基層工作上面，對於任何理論觀點都是中立的。治史者如果在文獻層次上發生了嚴重錯誤，則他所構造的歷史圖像無論採用什麼觀點，都只能是空中樓閣。事實上，這也是現代史學紀律的一個普遍要求。楊先生從不空論史學理論或方法，他在一切著作中所反覆提示的是：中國的各類歷史文獻（從制度到思想）都有其特殊的「訓詁」問題，治中國史者首先必須深入中國文獻的內部而盡其曲折，然後才能進一步提出自己的心得。楊先生的持論主要是以美國漢學研究的現況為對象。

蕭公權先生在六十年代末期所說的一段話恰好提供了具體的歷史背景：

> 各大學裏有些研究中國歷史的美國學者，不願（或不能）廣參細考中文書籍，但又必須時時發表著作……。天資高一點的會從涉獵過的一些資料中「斷章取義」，挑出「論題」，大做文章。只要論題新鮮，行文流暢，縱然是隨心假設，放手抓證的產品，也會有人讚賞。作者也沾沾自喜。這種作風竟有點像王陽明在〈書石川卷〉中所說「今學者於道如管中窺天，少有所見即自足自是，傲然居之不疑。」（《問學諫往錄》，頁二二三）

楊先生以「訓詁治史」便是要嚴守史學研究的基線，防止「斷章取義」、「隨心假設」、「放手抓證」等等流弊。唯有如此，中國史研究在美國才能取得學術紀律的尊嚴，並進而與現代史學匯流。

五、「羣龍無首」與史學紀律

說到這裏，我想節外生枝，稍稍澄清一下現代史學趨向和史學基本紀律之間的關係。今天史學界確已形成多元的局面，因此有人便用《聖經》上「以色列已沒有國王」(There was no king in Israel) 這句話來刻劃這一現象。這和中國《易經》上「羣龍無首」的說法不謀而合，而且同樣生動。美國「客觀性」史學受到四面八方的挑戰，便為「羣龍無首」提供了具體的說明。但是史學的「羣龍無首」主要出現在解釋和觀點的層面；在這個層面上，現代史學已不再具有共識。至於史學的基本紀律，則並未因此而全面解體。史學畢竟建立在以往經驗的基礎之上，經驗知識無論如何離不開客觀的證據。西方近一兩個世紀所逐步建立起來的鑑別史料、檢查證據等一套研究程序早已取得了高度的穩定性。這便是我們所說的基本紀律。今天的史學家可以在解釋和觀點層面自抒己見，但是如果他在基本紀律方面犯了嚴重錯誤，那麼他的史學家的資格便會受到懷疑。一九八〇年代初期轟動美國史學界的最大爭論——所謂「亞伯翰案件」(David Abraham Case)——是一個最有趣的例證。亞伯翰在一九八一年出版了《威瑪共和國的崩潰》（*The Collapse of the Weimar Republic: Political Economy and Crisis*, Princeton University Press）一書，這是根據他在芝加哥大學的博士論文修改而成的。此書採取了結構主義——馬克思主義的觀點，其主要論旨是說在嚴重的政治經濟危機之下，威瑪德國的民主體制全面動搖，工業、農業、勞工等各種力量的衝突已無可調和，社會領導階層只有支持一種權威性的政治力量以消解危機，因此納粹的崛起是整個結構系統崩潰的自然結果，並非出於有意的設計。這部書出版後，頗多好評，亞伯翰眼看着便要成為現代德國史的重鎮之一。這時他還是普林斯頓大學歷史系的助教授，但系裏已正式向校方推薦，給他長期聘任。不料就在這個緊要關頭，耶魯大學的屠納(Henry Turner)和加州大學柏克萊分校的費德曼(Gerald Feldman)出面干涉了。屠、費兩人都是現代德國史的資深專家，在美國史學界有廣大的影響力。首先發難的是屠納，因為他有關同一論題的專著此時已接近完成，而結論則恰好相反。他指出亞伯翰書中所引用的史料極多嚴重的失誤，有顛倒日月的，有張冠李戴的，也有查無其文或其書的。所以屠納斷定亞伯翰臆造證據以湊成己說。亞伯翰當然為自己辯護，說明他的理論完全建築在原始文獻的基礎之上，並無欺詐作偽的情事。但他不得不承認他當初在德國從事檔案研究時，由於德文未精，兼以時間匆迫，的確犯了許多「令人難為情和初級的錯誤」，而書中的失誤遠超過屠納最初所列舉者之上。但這些都是無心之過。因此他和屠納之間的分歧仍在史學觀點上，不在技術失誤上。屠、亞兩人初次爭辯之後，大致得失相當，亞伯翰也得到了不少同情者。

此案本可以就此結束，不料此時費德曼忽然決定加入論戰，寫了不少公開信寄給美國和德國的同行專家，強調亞伯翰有心作偽，為史學界所不能容，費氏不但反對亞伯翰在普大獲得長期聘任，而且出面阻止任何其他大學聘他任教。這件事終於激起了美國史學界數十年來所未有的軒然大波，《紐約時報》、《時代週刊》等報章也不斷有大幅報導。我當時正在耶魯，曾向屠納面詢此案始末，所以印象特別深刻，屠納告訴我的僅是一面之詞，當然未便採信。

但今天亞伯翰的業師諾維克已將全案和盤寫出，並且聲明他在情感上是站在亞氏一邊的。我們對此案已可有一比較全面客觀的了解（見諾氏前引書，頁六一二－六二一）。

但是我引此案與諾維克的動機不同。他是想藉此說明美國史學界的新客觀主義和傳統經驗主義聯手以後，其聲勢是多麼浩大。屠納和費德曼終於得到美國歷史學會的正式支持，亞伯翰也終於被逐出了史學界，以四十多歲的年紀改行去學法律。諾氏論述此案有一個言外之意，即以「客觀」為標榜的美國主流史學，由於觀點的不同，對亞伯翰進行了無情的迫害。事實上，亞氏在史料運用上所犯的錯誤，經過改正以後，全書的論旨仍足以成立。關於這一點，我們行外的人自難遽下判斷。我的着眼點則並不在此。我是想通過此案說明現代史學儘管已不可能在觀點或理論上達到共識，但是史學界依然在有意無意之間承認有一套基本紀律或研究規範的存在。例如亞伯翰本人便公開承認他犯了無數關於史料處理方面的錯誤是「不可原諒的」(inexcusable)。他又說，他最初處理檔案那種草率的「研究辦法」(research practices) 是「無詞可以辯解的」(can not be defended)。諾維克也公正地指出：

職業史學家中也許有人同情亞伯翰。但是由於後者自己已坦承曾犯了無數「不可原諒的」錯誤，他們覺得起而為他辯護畢竟是一件尷尬而難為情的事，當然更不肯聘用他了。

這正是我所說的現代史學的基本紀律或研究規範。如果這種「紀律」或「規範」並不存在，那麼亞伯翰便根本無「錯誤」可認，而暗中同情他的職業史學家也不必多所顧忌而趦趄不前了。

要求史學家完全不犯史實上的錯誤幾乎是不可能的，但是如果錯誤的程度嚴重到影響中心論旨的建立，那麼他是否還可以算是一個合格的史學家便大成問題了。楊先生在中國史研究上所堅持的便正是這一基本紀律。這一紀律不但獨立於一切史學觀點或理論，而且也超越國界。不過由於各國史料都有其特殊性，因此在具體處理的方式上不免大同小異而已。中國史研究能不能取得現代史學的地位，並不決定於觀點和理論，而是首先要看研究者是否能遵守史學的基本紀律。「羣龍無首」是史學理論層面的現象，不能和基本紀律混為一談。今天美國史學界有少數人受到歐陸思想的影響，把相對主義發展到主觀的絕境。有人甚至認為史學根本無客觀可言，史學和虛構之間並沒有一道明顯的界限（如 Hayden

White)。這是從客觀主義的極端走向主觀主義的另一極端。最初立新說的人尚確有所見，跟着起鬨的人便有些像「百犬吠聲」了。其流弊所及，將使人否定歷史文獻有任何確定的意義，解釋者可以隨心所欲。一旦發展到這個境地，楊先生所強調的「訓詁治史」便不會再有人理睬了。在古典文字的訓練日趨鬆懈的今天，這一新流派為中文程度不足的人開了一個方便法門。因此有些人可以在他們不甚了了的中國文獻上玩弄種種抽象的西方名詞。這是中國史研究的一個潛在的危機。如果危機爆發，楊先生所擔憂的「誤認浮雲為樹林」以及蕭公權先生所指斥的「隨心假設」、「放手抓證」等情況必更為變本加厲。幸而到現在為止，這一流派在美國絕大多數史學家的眼中尚不過是一種「野狐禪」，它也許不致在中國史領域中氾濫成災吧！（據諾維克的研究，此派在美國史學主流中並未引起任何注意，它的影響限於歐洲思想史的小範圍之內。而且即使在此小範圍內，對此派有興趣的也只有兩類人：一類是研究當代歐洲思想家如傅柯、德立達的，另一類是邊緣史學家，其興趣偏向文學批評、文化評論者。故此派論文極少見於主流史學學報，而多在語言、文學專刊中發表。見諾氏前引書，頁六〇三—六〇七。）

六、超越門戶——與錢賓四先生的交往

我希望上面兩節文字可以說明楊先生和現代史學的關係。從三十年代的中國，到六十年代中期的美國，他的研究工作都是在史學主流的典範之下進行的。但是他決非有心「趨風氣」，從清華園到哈佛校園，他的成學過程使他很自然地進入現代史學的主流。他的中國史學背景則無形中阻止了他走上任何理論的極端。他相信史學中有客觀事實，但並沒有變成客觀主義者；他堅持治史必須以實證為依歸，但也不是實證主義者。由於王國維、陳寅恪的影響，他充分承認「同情的理解」、「文學的想像」在史學研究中的重要作用。這是我和他平時談論中所得到一個十分明確的印象。所以後來我寫《陳寅恪晚年詩文釋證》，用陳先生自己的獨特方法詮釋他的晚年詩文，楊先生曾謬加推許。他在一九八四年九月十五日給我的信中，特別提到陳先生〈論再生緣校補後序〉。我分析此一短序，指出這其實是「答海外讀者的一通密電」，序末「知我罪我」四字分指海外與大陸，不是順手拈來的一句成語。這和楊先生平常的考證取徑不同，但是他卻承認此解「可以成立」。從這一件小事上，

可以看出他雖然身在主流之中，但從不排斥主流以外的治學觀點。（兩年多以後，我才有機會告訴他：陳先生的次女小彭女士在香港託人寫信轉告我有關她父親晚年的三件事。其中之一是陳先生讀了我在一九五八年所寫的〈論再生緣書後〉之後，曾說：「作者知我」。）

美國史學界進入「羣龍無首」的狀態是六十年代以後的事，但是首當其衝的是美國史研究的領域。中國史研究則處於主流的邊緣，中國近代以前的史學更遠隔了一層。所以楊先生始終沒有受到新潮流的衝擊。而且由於健康的關係，他從六十年代末期始，已不能像以前那樣密切注視西方史學或漢學的發展。這是因為他心中仍積存了許多重要問題，有待研究，不能不儘量節省精力了。但是楊先生雖與實證史學有着最深厚的淵源，他卻從來沒有宗派意識或門戶之見，同時他的興趣也非實證史學所能限。七十年代以後，他曾在哈佛開過幾次禪宗的課程，這多少顯示出他晚年在治學方向上有所轉變。他研究禪宗語錄仍然是從「訓詁」下手，即首先在唐宋俗語的層次上，儘量確定其字面的通義。（記得他曾寫過一條筆記，討論「聻」字的用法。）但是他並不是要把禪宗思想化約為語言。相反的，他完全承認禪宗不但有其深邃的思境而且也有其辯證式的思維方法，與莊子的理路是相通的。

不過他認為語言仍是莊子所說的「筌」或禪宗所喻的「梯子」，是不能越過的一級。所以我說他重視實證，但不是實證主義者。他和胡適之、傅孟真兩先生的主要不同之處即在此處。

楊先生以「蓮生」為字，據他告訴我，是取自周敦頤的〈愛蓮說〉。他在學問上的開放態度，也確使人有「胸懷灑落」的感覺。他自己受過現代學術的嚴格訓練，但是他對於中國經史老輩的傳統論述從不敢稍存輕視。從沈曾植的《海日樓札叢》、章炳麟的《國學略說》（晚年講學紀錄）、柳貽徵的《中國文化史》，以及呂思勉的幾部斷代史，他都十分推重。他說，讀這些老先生的書不能以狹隘的考證觀點去挑小毛病，而是要看他們的大論斷，其中有些論斷是很有啟發性的。例如章太炎先生民國二十一年去北平講「清代學術之系統」，曾說：「清代史家，考史者多，作史者少。」楊先生對這句話便甚為欣賞。他自己不甘以考證自滿，也由此可見。他常對我說，他每次講制度史，遇到相關的課題，他總要先參考柳翼謀、呂誠之兩位先生的著作。但在以考證為主流的中國史學界，柳、呂的著作一向是被譏為陳舊的。在這一點上，我完全同意楊先生的看法。（嚴耕望先生持論亦不謀而合。）

最後，我要談一談楊先生和我的另一位業師——錢賓四先生的關係。楊先生自然知道我受錢先生的啟發極多，所以常常開玩笑地說我是「帶藝投師」。在研究生時代，他任我自由發揮己見，從不質疑我的預設。他有所批評和建議也僅限於我的立論的根據方面。我想，這也是他出於對錢先生的一種尊重。他在清華時代曾到北大聽過錢先生的課，對於錢先生全史在胸的氣概甚為心折。所以他到美國留學時，特別把錢先生在北大刊印的《中國通史綱要及參考材料》攜帶了出來。後來《國史大綱》正式出版，也成為他經常參考的典籍之一。

以歷史淵源而論，楊先生和胡適之先生以及中央研究院歷史語言研究所之間的關係自然遠為深厚。但是在學術上，楊先生對錢先生和新亞書院絕未見有絲毫歧視。所以一九五五年《新亞學報》創刊出版，他曾在《哈佛亞洲學報》上撰文推薦，以引起世界漢學界的注意。文中着重地介紹了錢先生在〈發刊詞〉中論考據與義理不可偏廢的觀念。

一九六〇年春天，錢先生在耶魯大學訪問，哈佛燕京學社請他來作一次演講。錢先生的講題是「人與學」，以歐陽修為例，說明中國學術傳統以「人」為中心，歐陽修一人即兼通經、史、子、集，與西方重專門學術不同。楊先生是介紹人，同時也擔任口譯，他回憶了當年在北京聽錢先生演講的盛況，並推重錢先生是當代碩果僅存的少數大師之一。錢先生事先寫了一份簡要的講稿，以防臨時發生語音的隔閡。因此，楊先生的口譯十分順暢。當時聽講的人很多，李濟之先生也恰巧在座。李先生平時喜作青白眼，那天我偶然注意到他白眼時多，青眼時少，感覺十分有趣。事後楊先生告訴我，李先生第二天盛讚楊先生的譯才，把原講的「語病」都掩蓋過去了。楊先生只好付之一笑。我記下這一段趣事並不是要算什麼舊賬。我是想以此說明當時臺北學術界主流對錢先生和新亞書院確有一種牢不可破的成見，李濟之先生不過表現得更為露骨而已。（據說當時中央研究院的領導層中，還是胡適之先生的成見最淺。）那時楊先生參與哈佛燕京社支援東亞研究的年度決策，他在臺北的壓力之下仍然堅持給新亞以公平的待遇，這是很可感念的。一九六四年錢先生辭卸了新亞書院校務，向哈佛燕京學社提出撰寫《朱子新學案》的三年計畫，由於新亞方面希望錢先生同時也辭去新亞研究所所長的職位，他不得不以個人名義申請這項研究補助。這給哈燕社出了一道難題，因為該社的補助對象一向都是學術機構，不是個人。最後還是楊先生的慷慨陳詞使這一破天荒的申請案得以順利通過。

楊先生此舉並不是因為他和錢先生有任何特殊的交情。他看準了這項研究的價值，而且相信錢先生必能不負眾望，寫成一部大著作。所以在錢先生開始撰述之初，他自己也對朱子和宋代思想發生濃厚的興趣。一九六五年三月十六日他寫信告訴我：「近數週與賓四先生通信，討論《朱子新學案》，因此翻閱幾種南宋人文集，頗有興趣。宋代思想與制度可作之問題甚多，可惜無暇深入。」後來《朱子新學案》出版，他讀了〈提綱〉之後便已讚歎不置。他對我說：錢先生的中國學術思想史博大精深，並世無人能出其右。像這樣的〈提綱〉，胡適之先生恐怕是寫不出來的。楊先生並不專治思想史，但是他的批評的眼光一向是很銳利的，這種私下閒談，不帶絲毫客套的成分。以他和胡先生的私交之篤，竟坦然作此語，給我留下了深刻的印象。

另一方面，錢先生對楊先生也一直是很欣賞的。但錢先生是前輩，稱譽自有分寸。我初到美國不久，錢先生便要我從旁促楊先生為《新亞學報》撰文，並想邀請他到新亞研究所訪問一年，此意以後又一再重申。錢先生沒有讀過楊先生的英文論著，自然無法直接認識到他的造詣精微之處，不過後來多次晤談，錢先生對他的博雅也擊節稱道。楊先生寫過一篇〈中國圍棋數法變更小考〉，其中不但引用了《金瓶梅詞話》，而且涉及韓國的史料，終於考出從點目法變為數子法發生在明代晚期。楊先生有一次很高興地告訴我，錢先生讀了此文也十分嘉許，並承認自己不會寫這樣精巧的考證文字。七十年代以後，我每次回臺北，錢先生總是關心楊先生的健康。他常常說：楊先生最難得的不僅在於才華卓越、思想敏銳，而且更在於性情醇厚；這三種性質同時集於一身是不多見的。錢先生觀察深刻，剖析入微，我不禁欽服之至。

錢先生最惋惜的是：楊先生在五十多歲以後受到健康的嚴重限制，不能在學術上作更多的發揮。關於這一點，我個人的感受當然只有比錢先生更深切。我敢說，我比任何人都了解，楊先生胸中的學問遠較見諸文字者為多。以通常標準而言，他的成績已是令人豔羨不置。但是以他的腹笥之富和才思之美，竟未能充量展布，這真是中國史學界的絕大損失。楊先生得享高年，而且無疾而終，這是一位性情醇厚的長者所應得的福報。然而「千古文章未盡才」終究是令人扼腕的。

一九五七年七月楊先生在臺北聯合國同志會曾作過一次「約定講話」，題目是「中國文化中之媒介人物」，李濟之先生在介紹他時指出，近幾十年來美國人漸漸認識到中國文化的高深處，大半是由於中國學者在美國的努力，他特別推重楊先生在這一方面的貢獻。楊先生當時談「媒介」(professional intermediate agents) 提到但沒有討論「文化與文化之間」的媒介。我想，如果要用一句話概括楊先生一生主要工作，我們不妨借用這個觀念，說他是「中國文化的海外媒介」。這種文化媒介的工作是很難做的，媒介不但要深入本土的文化，而且還要博通居住地的文化。否則何能「譯唐為梵，通布五天」，以達到玄奘所謂「法化之緣，東西互舉」的效果？楊先生說：

> 「媒介」，西洋學者視為是一種大學問，非有大學問，不能成為媒介人物，不能發生媒介作用。

這幾句話恰好可以用在他自己的身上，也是他一生成就的最確切的寫照。

一九九一年一月十五日於普林斯頓

《時報週刊》(*China Times Weekly*, No. 309, Jan. 26–Feb 1, 1991, pp. 78–81)

中國近代思想史上的激進與保守
——香港中文大學廿五周年紀念講座第四講（一九八八年九月）

今天我感到非常榮幸，能再來中文大學演講。還記得一九七四年中文大學慶祝建校十周年時，也有一個十周年學術演講，那時我講的是「《紅樓夢》的兩個世界」。今天能再次主持這樣隆重的演講，又有機會再跟大家見面，我感到十分高興。

今天的講題是「中國近代思想史上的激進與保守」。「激進與保守」就是英文的所謂 radicalism versus conservatism。我想說明一點，我說思想史上的 conservatism 跟 radicalism，不是我們一般說的政治態度上的保守派、激進派、革命派。我主要是講，在思想上某些有意識發展出來的看法，而不光是從現在的行為來講。所以我不會涉及現在北京有誰是保守派，誰是激進派。當然現實上的激進派和保守派，跟思想上的 conservatism 和 radicalism 是有關係的。所以我想我的演講應該限制在思想史上，也就是我盡量希望這是一個與現代生活有關連的，但卻是一種獨立的歷史的研究、思想史的研究。

我的專業並不是近代的或現代的思想。不過研究古代思想的人，當然也不可能完全忽略近代和現代的思想；這些思想有些可以說是我一生經歷過的。譬如說五四以後，自四十年代起，中國思想界的變化，是我個人歷史的一部分。至少是我作為一個年輕人所見的中國思想界的變化。所以我也想借這個機會進行一點反省、反思 (reflections)。

我所說的激進、保守並不是說那一套思想，也不是指某一特定的學派。我們講保守，並不是指儒家；我們講激進，也不是指馬克思主義、新馬克思主義等所謂左派的、激進的思想。我指的是一種態度，英文叫 disposition，一種傾向，或者是一種 orientation。這種態度是常常發生的，特別在一個時代、一個社會有重大變化的時期，這兩種態度我們常常看得見。

保守主義，conservatism 這個字，大概是很近的東西。西方人講保守，或者講政治思想上保守主義的大師，創始人是英國的 Edmund Burke，他是在法國大革命以後，觀察了法國大革命的各種毛病，寫過一本很有名的書——《法國大革命的反思》(*Reflections on the Revolution in France*)。這本書在政治思想史上獲得很高的評價。現在講西方保守主義的人，沒有不從這本書開始，例如 Russell Kirk 的名著 *The Conservative Mind, from Burke to Eliot* (Rev. Ed. 1986), Robert A. Nisbet, *Conservatism: Dream and Reality* (1986) 和 Karl Mannheim, *Conservatism* (1986)。但是並不是 Burke 被動地對法國大革命作一些反應，因為其中一些觀念是他早在法國革命以前已經有了。

另一方面，conservatism 作為一種有意識的學說、思想，雖然出現得比較遲，可以說是法國大革命以後慢慢發展起來的；可是作為一種政治、文化的態度，在中國史上也早就出現過，雖然我們不用這個名詞。我們記得中國宋朝時王安石要變法，當時也有守舊的人如司馬光，他從史學觀點加以批評、反對。我們可稱司馬光為中國保守主義的思想家，因為他保守並不是沒有意識的，也不是從個人利益出發，說不要變動。而王安石更是很有意識地發展出一套很激烈的態度。不過嚴格地說，這兩個人都是在儒家、儒學的範圍之內。譬如王安石變法也要寫《三經新義》，這顯然是要跟儒學某些部分認同。王安石說，為了變法「天命不足畏，人言不足恤，祖宗不足法」，這就是很激烈的一種 radicalism。但這是一種態度，沒有實際的內容。要知道 radicalism 的實際內容，必須分析他變法的根據，以及變法的一套學理，才知道他實際的思想是甚麼。

所以換句話說，我們說某某人保守，某某人激進，都是要有一個定點。如果沒有一個標準、沒有一個座標，我們很難說某人是保守的、某人是激進的。因為保守跟激進一定是相對於甚麼東西來說。相對於甚麼呢？一般說是相對於現狀，最簡單地說，保守就是要維持現狀，不要變；激進就是對現狀不滿意，要打破現狀。要打破現狀的人，我們常把他放在激進的一方面。要維持現狀的人，我們把他放在保守的一方面。可是，我們知道這樣用的時候，保守和激進都可以有不同程度的態度：可以是極端的保守，甚麼都不變；也可以是極端的激進，一切都打倒。這是「兩極化」，「兩極化」的結果會是如此的。不過，這個用法我們還要了解一點，就是必須有一個現狀，有某一種秩序：社會的、文化的、政治的秩序存在。對這個存在的秩序，有些人覺得不合理，要改變它；有些人覺得這個秩序基本上合理，要保持它。譬如剛才提及的 Burke，他就認為當時英國的憲法中的制度是基本上合理的。他反對像法國大革命那樣激烈的破壞，但也並不是說就完全不要改變，他書中講要變的地方也很多。所以說，保守主義不是說一個人甚麼都保守；而指一個人是激進主義，也不是說他必然激烈到要摧毀一切。在保守和激進之間，有各種程度不同的立場。

但是，無論如何，這兩個態度是相對於某一種現狀，某一種現存的秩序來說的。所以我們要講歷史上的保守跟激進，必須要了解一種現狀。從這方面看，中國近代思想上的所謂保守與激進，跟西方的甚至跟中國過去的都不同。為甚麼會不同呢？我們可以這樣說，譬如在美國講保守主義，通常是用於一個政治意義的，就是說政治上的保守。Conservatism基本上是一個政治的概念。不過，我在這裏卻要把文化的也放在裏面。

在美國講保守主義，是相對於一種現有的制度，就是美國民主、自由的制度，美國的法制。簡單說就是美國的一整套系統(system)。這個系統我們知道在西方兩三百年來叫做民主、自由主義的傳統秩序。從經濟上看，這是資本主義社會。當然，民主自由跟資本主義、資本家、中產階級在起源上、發生上有很重要的歷史關連，可是卻並不簡單地等同於資本主義。這個秩序從美國有憲法以來，已經維持了兩百多年了。他們所謂保守，就是說對於現有的狀況，這一套自由民主制度下的現狀、法律比較滿意，不需要大改變。譬如說美國這幾年，特別是過去八年，正是處在一個保守主義心態佔優勢的情況之下。大家不大喜歡動亂，跟六十年代末期反越戰和七十年代初期激烈主義在美國佔優勢的情況完全不同。這個時候，最少是多數的中產階級，包括一般的小商人，都希望不要大變，希望經濟上有一些秩序，希望每一個人都可以賺錢養家，可以發展。在這種情況之下，他們是希望保守的，所以共和黨才能當政。到今天還是有這種保守主義的傾向，所以布希就拚命地把其對手杜卡基斯打扮成一種 liberal。因為 liberal 是比較激進的。事實上 liberalism 是美國的一個主題。美國的 radicalism 跟 conservatism 是相對於這個自由傳統來說的。可是，這個自由傳統，或 liberal 這個字本身也很麻煩，我們就常說某一個人是保守的自由主義者，某一個人是激進的自由主義者。如果是激進的自由主義者，就是指他對人權、黑人的問題，還有其他種族的問題、墮胎的問題、污染的問題等，都有新的看法，都是向前推動的。保守的人就是喜歡少動，但不是主張不動。

現在美國還處於一種保守思想佔優勢的情況之下，所以布希的政策就是要把對方打扮成一個激進派。但是，激進與保守本來是相對於美國的自由主義傳統的 system，所以如果要講美國保守主義跟激進主義，我們一定不要忘記它中間是一個 liberal。這樣 conservative—liberal—radical 便成為一個鼎的三足。這不是兩極，兩極就是一邊保守，一邊激進，而沒有 common ground。事實上，美國的保守跟激進中間，還有一個 common ground。在許多問題上可以說是一致的，譬如說，美國人關於墮胎的問題，宗教上非常保守的 fundamentalist 對生命的看法甚至跟很激烈的婦女運動的人是一致的。可是這個一致並不是說他們有共同思想，只是說激進的人可以利用保守主義的某些觀念來達到他的目的；保守主義也同樣可以利用激進的觀點。在某些地方，極端保守的跟極端激進的甚至可以聯盟。可是我們不要忘記這中間是一個實際的現狀，是一個自由的傳統。這是他們的生活方式，只有對這種生活方式感到滿意，或感到不滿意而已。

在中國過去，我們剛提及王安石變法，其實王安石變法跟司馬光反對變法也相對於一個秩序，就是中國傳統的、以儒家為主宰的政治倫理的秩序。王安石要相當大幅度地改變這個秩序，而司馬光則較持重，認為不應該有太大的變動。但這並不表示司馬光是完全頑固、保守的，只是他覺得有些不應該變得太快。他又舉出許多的例子，說明中國地方很大，某一項特殊的新法對南方有利，對北方則可能有害。然而，他們兩人都肯定一個共同的體制、秩序。王安石也沒有意圖要觸動整個秩序。譬如說，王安石變法根本沒有侵犯到皇帝的權力，也不是要推翻整個政治制度，只不過要作大量的改變，使它合乎一個新的情況而已。因為宋代承繼了唐末五代的混雜的政治制度，運用不靈，要推行新政策便不能不在制度上作重要的改變。此外，宋代的社會跟唐代的貴族社會也是完全不同的。這是變法的社會背景。但是，王安石跟司馬光基本上是承認儒家規定的倫理政治秩序是可以肯定的。只是一個人主張動得少一點，另一個則要相當徹底的改變。這相對於現在美國的 radical 跟 conservative 也差不多。

在中國近代史上，從鴉片戰爭以後，太平天國到十九世紀末葉，中國的現狀正在不斷地變，沒有一個秩序是穩定的，沒有一個基礎可以作為衡量保守或激進的根據。由於時間的關係，我不能在這裏涉及太多的史實。我只想說明，在中國近代、現代思想史上，保守主義與激進主義之間的關係有什麼特色。我現在想把這個變化簡單地分成幾個階段來看。

第一個階段是在五四運動以前，大致上是從十九世紀中葉開始。那時魏源等人提出「師夷之長技以制夷」的口號，就是學習西方人技術上的長處，用船堅炮利來對付外國人。這是技術上的改變。早在十九世紀中葉，這種思想就出現了。例如馮桂芬的《校邠廬抗議》有一篇就叫〈采西學議〉，可見「西學」的觀念已經出現了。張之洞後來所謂「中學為體，西學為用」（事實上張氏的原文是「舊學為體，新學為用」，只是後來一般的用法把它改了，這個改變跟他的原意有些不合，下面我將予以解釋）便是進一步的發展。總之，最初中國對「變」的要求是在科技上學習西方人。後來則發現西方的政制也大有可觀，如郭嵩燾因曾出使英國，對西方比較了解，回國以後，便宣傳西方的風俗制度，以致為守舊派加以「漢奸」之惡名。可是，最初這個階段，好像大家對中國原來一套政治倫理秩序還沒有發生大動搖。儘管李鴻章稱這是「三千年來未有的變局」，但這個「變局」中國似乎仍可以應付。

接下來就到政治改革，也可以上溯到魏源，在他的公羊學中已經隱含了改制的傾向。不過這要到康有為、梁啟超的戊戌變法才正式提出。變法運動是近代思想上激進與保守對壘的開始。康氏認為枝枝節節的改變是沒有用的，於是提出了「全變」、「速變」的主張。

康氏首先開始對傳統的政治制度提出基本的懷疑。他認為：這個制度已沒有辦法應付「列強瓜分便在眼前」的危急情勢，因此必須採用君主立憲的制度。這是中國歷史上從來沒有的新事物。在變法中，形式上是保留皇帝，但實際上已經走上西方的政體了。所以這種思想比王安石的變法激進得不可以道里計，所以引起的反響也極其巨大。

張之洞在說「舊學為體，新學為用」的時候，他的「新學」已包括了一部分西方的政制——即所謂「西政」——在內。可見對政治制度的改變是晚清一個很強烈的要求。不過張之洞的「舊學為體」依然維持中國傳統的名教綱常；這是清朝統治者和一般守舊的人都可以接受的。康有為、梁啟超的變法，用今天的話說，則已接近「體制外的改革」了。這自然激起了一批反變法的人物。譬如蘇輿編的《翼教叢編》便收集了許多反對的言論，在湖南一省引起很大的波動。自從康梁要求「全變」、「速變」以來，這個「變」便沒有一個底，不知道要變到那裏為止。因為中國人一直找不到一個可以認同的社會體制，也沒有任何共識可以被大家都接受。近代中國第一次開始要求變法就發生這樣的問題。

換句話說，既然傳統的政治倫理秩序不能成為我們的根據，那麼我們就需要整個徹底的改換。這樣一來，改換當然不限於政治，所以在康有為提倡變法的同時，也涉及宗教的改變，譬如他要立孔教。他創孔教當然是仿照西方，要把中國的儒家變成有組織、有形式的宗教，有如基督教。因為他認為西方強大的原因之一是由於宗教的力量。我覺得他對西方看得很對，但是要把儒教改變成一個西方式的宗教卻是不大可能的事情。

在思想上，譚嗣同可以說是當時激進派的最高的代表。他把康有為變的思想推到最大的限度。他在《仁學》及其他作品中，甚至他的詩中，都表現了極為激烈的態度。一口就否定了中國兩千年的傳統。他曾說：兩千年的「政」都是「秦政」，「秦政」就是大強盜；兩千年的學是「荀學」，是鄉愿，而且兩者狼狽為姦。因此不但整個的專制政體要改變，思想傳統也要全變。這真是一個極端激烈的想法。儘管當時變法仍是以政治制度的改變為主體，但康有為、梁啟超，特別是譚嗣同，已經感覺到整個中國的倫理道德秩序也必須改變。譬如譚嗣同說整個五倫都是束縛我們的；五倫之中只有朋友一倫是平等自由的，可以保留。這些思想可說已是差不多激烈到了盡頭。但這個時候，在五四運動以前，我覺得激進主義基本上還是政治的激進主義，雖然已經接觸到文化的層面，但還沒有完全直接而全面地碰到文化的問題。

到五四運動，又叫新文化運動，是從民國六年（一九一七）提倡白話文開始。這不是偶然的，因為這個運動將保守跟激進的對峙從政治推進到文化層面。這是屬於第二個階段。在康有為、譚嗣同看來，中國還是要用某些「中國」的東西，譬如《孔子改制考》要用孔子的名字，《孟子微》要講孟子。儘管當時有人指出，他講的是「用夷變夏」，表面上是中國的東西，暗地裏則是西方的模式。這個說法也有一些道理，不過略嫌簡單化了。大致上，他是主張在政治上改變中國，為了政治上的改變，而不能不觸及宗教、道德、倫理各方面。

到五四以後就直接碰到文化的問題了。五四前，政治方面的激進化並沒有到康有為為止。因為康有為的變法還要保存皇帝。但這在當時仍不能滿足中國的激進化思想，特別是革命派。因此孫中山跟同盟會的人要革命。這顯示當時的問題不是有個虛君制度就可以滿足的，人們要採取共和的形式。這就是革命派與立憲派之爭。中國思想因為變化得快，所以短短幾年之內，康有為幾乎已被人看成一個保守的象徵，是一個保守主義者，革命派才是激進的；因而在政治上發展到以革命來解決中國的問題。這就是辛亥革命的歷史。

在這個階段，甚至辛亥革命的人，包括參加同盟會的人，也並不完全對中國文化採取否定的態度；譬如說《國粹學報》。「國粹」兩個字，是借用日本的名詞，意謂民族的精華，這就是當時革命的人的看法。他們認為「革命」、「共和」、「平等」、「人權」、「自由」、甚至「民約」等都是中國古代已有的東西，是我們的「國粹」，不過被後人遺忘了、丟失了。他們認為政治上要以極端的方式把兩千年的君主專制推翻，要建立一個共和的民主國家。這是恢復固有的國粹。孫中山便是這樣講的。中國政治激烈化運動得到一個成果，就是辛亥革命的成功。但是今天我們都知道辛亥革命成功，儘管政府的形式變了，實際上並沒有改變中國社會的性質。在這種情況之下，我們雖面對一個新的情勢，但還是不能滿意。民國初年又有袁世凱的復辟運動，而且孔教跟復辟運動又好像有關連。在這種情況之下，對傳統文化的評價就一步一步的深化。深化的結果就是激烈化，對傳統文化開始覺得有問題。到五四運動，就變成整個中國傳統文化要負責任的問題。

從清朝末年到民國初年，我們發現政治的現實是沒有一個值得維持的現狀。所以保守主義很難說話。保守主義很難有什麼立足點。你能說要維持袁世凱的獨裁甚至帝制嗎？你要維持後來的軍閥體制嗎？在沒有現狀值得維持的情況下，就只有另外一股力量，就是激進的力量拚命的發展。基本上中國近百年來是以「變」：變革、變動、革命作為基本價值的。並不是像西方般有一個基本系統 (system) 在那裏，有些人要保守它多少，有的人要改變它多少。不是這樣一個問題，而是中國在現實上找不到一個體制、系統，可以使大家安定下來。中國有一種特殊的現狀，就是保守與激進之間沒有一個共同的座標，因此雙方就永遠不能有真正的對話。

到五四運動，我們看見，碰到的問題已不是移用西學、西政就可以解決的，基本上是要以西方現代化來代替中國舊的文化，這就是五四新文化運動的基本意義。今天大陸常常有些人視之為一個啟蒙運動，並與十八世紀法國的 Enlightenment 相比。這當然也有一部分道理，例如進步變成最高價值，任何人敢對「進步」稍表遲疑都是反動、退後、落伍、保守。在這種情況之下，保守的觀念和進步的觀念就不能保持平衡。在西方，例如英國有保守黨，它並不以「保守」為可恥。但在中國我卻未碰過人會稱自己為保守黨。中國人如果對舊東西有些留戀，說話時就總帶幾分抱歉的意思；雖然他心裏並不是真的抱歉，因他總覺得保守、落伍是說不出口的。只有前進、創新、革命這才是真正價值的所在。所以中國思想史上的保守跟激進，實在不成比例，更無法互相制衡。這是因為中國沒有一個現狀可以給保守者說話的餘地。你要保持什麼？因為這個「變」還沒有定下來，沒有東西可以保存。

到五四新文化運動，不少人是用西方啟蒙運動以來的一些觀念作為推翻和取代傳統制度的根據。其中最重要的當然是民主跟科學了，民主跟科學變成兩個最高無上的價值。這就是《新青年》陳獨秀所提出來的。陳獨秀在提出來的同時，包括李大釗在內，也提出了中西文化的問題。所以現在的問題是：中國的文化本身是要不得的。中國文化本身不單產生不了民主與科學，而且正是民主與科學的最大的障礙。由此可見「五四」比變法、革命時代的思想又激進多了。康有為還借用孔子、孟子、大同，譚嗣同還講「仁」，革命派也強調「國粹」。「五四」的領袖則澈底否定中國的傳統，直截了當地要向西方尋找一切真理。

科學所代表的精神是什麼？簡單地說，就是認為求知是一個很高的價值，是一種為知識而知識的態度，為求真理而求真理的態度。在中國比較重實用的傳統中，或以道德為主體的文化中，這是比較受壓制的一種態度。這種為知識而知識的傳統是西方特別之處，所以五四所介紹的是西方兩百年的正統思想，也就是自由的傳統 (Liberal tradition)，包括科學的傳統來代替中國舊的傳統。但在這個要求之下，五四後就發生了兩次很重要的爭辯。第一次是「科玄論戰」，一方是「保守派」，以張君勱為代表，主張人生問題不是科學所能解決的，是要靠直覺的，所以玄學是有其作用的；另一方以丁文江等人為首，所謂「科學主義」的人，認為科學可以解決一切問題，可以統一人生觀。到後來連陳獨秀也參加，認為科學的最新形態是「唯物主義」，是「唯物史觀」。

在此我們不是談它的內容，而是看其顯示的問題：嚴格地說，中國沒有真正的保守主義者，只有要求不同程度變革的人而已。要求變革較少的人往往就變成了保守主義者，譬如張君勱，他實際上是主張西方式的憲政民主最有力的一人。他並不反對科學，不過堅持人生問題不是科學所能解決的而已；他的思想是受了德國人文學傳統的影響。此外，梁漱溟先生當時也被認為是保守主義者，今天西方研究他的人，也稱他為保守主義者。但事實上我們知道梁先生認為中國文化非變不可，而民主跟科學，更是中國非要不可的東西。所以從這方面看，他不見得是怎樣的保守，不過他覺得改變要適應中國原來的現狀、原來文化的狀態。他認為西方不是文化的唯一模式，最少從他看來文化有三個形態：印度的、中國的、西方的。我們不管他的「三分法」跟他的論據有沒有道理，但從中可見他並不拒抗西方文化；而是有機地、整體地接受西方文化，然後改變中國文化，使中國文化成為世界文化的一部分。這句話他是說得清清楚楚的。如果我們離開那些「激烈派」而單獨看梁先生，實在看不出他是一個真正的「保守派」。

十多年前，哈佛大學開了一次會議，討論中國的保守主義。後來出版了一本論文集《變的限制》(*The Limits of Change*)，討論的都是中國的保守主義者，包括梁漱溟、熊十力、劉師培、章炳麟。嚴格來說，這些人都是主張變的。我們若個別來看，例如劉師培，後來當然是幫袁世凱做皇帝，所謂「洪憲六君子」，為人所不齒。但他早年卻是一個革命派，他用了大量西方社會學各種觀念來解釋中國的古籍；他也是早期提倡傳統反儒家思想者之一，例如李贄的思想，或中國歷史上無政府的思想，如鮑敬言的「無君論」。無政府思想可說是激進主義中登峯造極的東西。在中國變動一開始時，即二十世紀初年，已經有許多中國思想家被無政府主義吸引過去了。甚至後來參加共產黨的，都認為共產黨最後的目標，也是無政府主義。這正如我剛才說在近代中國，因為政治現實太混亂，得不到大家的認同，思想的激進化也停不下來。思想與現實完全分了家，便衹有在激進的軌道上向前飛馳。在這種情況下，只有激進主義，只有變的程度的不同，沒有一個嚴格的，像剛才提及 Burke 的保守主義在中國出現。當然我們也可以找到有關變法時代反變法者的政治思想的研究。但這些思想嚴格來看都很少可靠的理據，可說在思想上不是佔主要的領導地位的。第一流的中國學人、思想家中也有人曾對保守的問題提出很深的看法，但他們也還是要變，不過強調不要變得太過，在變的時候要保留中國某些好的地方。大家只說到這裏為止。但這些主張漸變，或變得少一點，主張保留一點中國文化基礎的人，往往就被人看為保守主義者。事實上，胡適在民國六年從美國回來，已把康有為看為過時的人，是「老古董」了！章炳麟也從革命退下來了。所以魯迅認為章氏在民國以後就不見得精采了，他已變成一個守舊的學者。

這些地方都可看出中國變化之大，現實政治的情況也可以說是愈變愈壞。這就是陳寅恪所講的政治退化論，並不是一種進化。他所謂退化的意思並不是反對民主，而是指民主的秩序始終都不能建立起來。一個合理的民主秩序未曾建立以前，一個原有舊的權威性的、家長式的傳統秩序崩潰了，這中間完全是一片混亂。在這種情況下，政治、道德就愈變愈壞，最少在他來看，清代的官僚因為有傳統的訓練，還有一些規模，對人作事尚有一些原則。到了民國，新官僚又比不上舊官僚了。這樣大家看到的是政治現實愈來愈壞，保守的人是沒有地方可以說話的。保守必須根據某一種現存的秩序來說話，而現存的秩序是有頭腦的人都要否定的，那麼問題就來了。這是中國近代思想上的一個特色：中國近代一部思想史就是一個激進化的過程(process of radicalization)。最後一定要激化到最高峯，十幾年前的文化大革命就是這個變化的一個結果。

「科玄論戰」在激進派一方面，可說就是要把科學的絕對權威建立起來，讓中國人真正的從內心接受科學的價值。所以要將科學應用在人生觀上，因為它不單可解決物質及自然現象的問題，也可以解決人生的問題。除此以外，第二個很重要的爭辯就是民主跟獨裁的爭辯。「科玄論戰」大概發生在一九二三年，也就是五四幾年以後。而民主跟獨裁的爭辯則在三〇年代，那時已是國民黨在南京主持中央政府的時候。當時日本的壓逼一天天的緊，因為壓逼得緊，所以丁文江、蔣廷黻等人認為中國需要一種獨裁。這種主張不一定是為了討好國民黨而獻策，他們確實相信如果中國要抵抗日本的侵略的話，必須有一個中心的力量可以把全國統一起來。那時當然有法西斯主義，希特勒也上臺了。這很容易看成國民黨利用這時機發展法西斯主義。不過我看丁文江等人並不是如此，他們最終也希望走民主的路線。不過在對抗外敵時，救亡就變得更重要了。我最近看了李澤厚寫的《中國現代思想史論》，其中有一篇題為〈啟蒙與救亡的雙重變奏〉，就是說中國一方面要接觸西方文化，一方面要救亡；結果救亡更為緊迫，壓倒了學術思想的正常發展。儘管大陸上有人對此說持異議，但是他所看到的困難是存在的。這就是中國一切的問題都沒有比解決眼前的民族危機更為重要。

在這種情況下，我相信蔣廷黻、丁文江、錢端升等人主張以獨裁方式來建立一個有力的政治中心是有所見的，儘管我們可以反對這種見解。而胡適則始終站在民主與自由的一方面。我覺得這兩個爭辯都很有意義，儘管今天大家對「科玄論戰」的興趣很大，對民主與獨裁這個爭辯的興趣很少。主要原因是西方式的民主、自由主義傳統的民主，在中國始終衹在少數知識階層中間發展，而沒有社會的基礎。我們知道民主是跟中產階級的發展有關的，雖然不能跟資本主義等同起來。可是有了資產階級，有了中產階級，或中間階級(middle class)，然後才有民主的基礎，然後才有個人解放的問題。

民主與獨裁的爭辯在思想史的意義是：保守與激進至少在這短短幾年中是有共同的現實根據的。論辯雙方不但在學術思想的水平上旗鼓相當，而且也都承認國民黨領導的中央政府是必須接受的前提。以胡適為首的民主派可以說代表了激進的一邊，但是他也承認政治現實，不過要國民黨早日結束訓政，回到憲政而已。丁文江等主張獨裁則可以劃在保守一邊，這也許更合當時國民黨領導中心的口味。不過丁文江等是在國家的危亡關頭才提出這一緊急措施，在長遠的發展上，他們和胡適並無基本分歧。

在中國五四前後的幾年，個性解放一度提出，個人主義一度也曾出現。譬如胡適所提倡的「易卜生主義」(Ibsenism)，可以說就是一種個人主義，婦女解放。可是這種東西都擋不過民族的危機。其實，中國近百年來的變化，一個最大的動力就是民族主義。一個政治力量是成功還是失敗，就看它對民族情緒的利用到家不到家。如果能夠得到民族主義的支持，某一種政治力量就會成功，相反的就會失敗。西方人也承認這一點，他們本來認為民族主義是落後、甚至反動的東西。可是今天在非西方的世界，民族主義始終是個不可忽視的鉅大力量。現在不單是人類學家承認，思想史家像柏林 (Isaiah Berlin) 也承認民族主義的力量最大。我們可以說共產主義所以在中國能夠大行其道，其背後的力量就是民族主義。

為了民族的生存，為了從一百多年帝國主義的侵略中站起來，我們不惜犧牲個人的自由，來完成民族的自由。孫中山先生也這樣說過：必須犧牲小我的自由，然後才能獲得大我的自由。只有大我獲得以後，才能談到個人，才能看到小我。這是個普遍的要求，在這個普遍的要求之下，我們就可看到：西方式的自由，是以個人主義為基礎的民主，在中國既然沒有中產階級，也沒有自由的傳統，是很難發展的。科學則不同，它可以憑本身的成就來取信於人。而民主則不能。所以三〇年代民主與獨裁的爭辯，我覺得是很有意義的。因為丁文江、蔣廷黻本身便是英、美式的自由主義者，現在連他們也主張一種開明的獨裁，可見民主在當時中國的現狀中尚無法落實。

到了抗戰，這就是我說的第三個階段。這時文化的問題大家似乎已經不談了。中西文化問題好像已經解決了。以主流的思想界而言，他們大致都認定中國文化是阻礙現代化的。甚麼是現代化？這要到五〇年以後在西方才有較嚴肅的討論。不過「現代」這個概念是存在的，這就是中國人基本上承認世界文化只有一個模式，而這個模式最先進的表現就是西方。因為這個原因，不要等到馬克思的五階段論，馮友蘭寫《中國哲學史》時，就提出中國的哲學史只有兩個階段，一個階段叫「子學時代」，那是先秦諸子；第二個階段延長了兩千多年，就是「經學時代」，這是仿照西方的中古時代來講的。西方神學是講《聖經》的那種學問，是定於一尊的。因此，中國只有到中古史為止。這是一個很成問題的論斷，不過在當時卻獲得很多人的稱讚，譬如張蔭麟寫書評，他就特別稱讚馮先生在這個地方有創見，發前人所未發。所未發者就是中國跟西方來比，並不是比西方缺少那一部分，或那一部分不完全；而是整個的缺乏了一個現代階段，中國仍停留在中古時期。馮友蘭並不是一個馬克思主義者；張蔭麟從某一方面說也是很同情中國傳統的人。像他們亦持這種看法時，可見當時反傳統的激進思想已取得普遍的信仰，成為中國思想界的主流和基調了。到了抗戰時期，馮友蘭寫《新事論》，更加強了這一看法。

在這個思想基調上，有些人就很容易接受馬克思主義五階段論是科學的，是歷史的法則的說法。那麼中國當然還處在封建時期，還沒有到資本主義時期。到後來共產黨講了半天也只能講資本主義萌芽。但是馬上又有帝國主義來了，所以它是一個半封建、半殖民地狀態。這都是套西方的模式，都認為文化的發展有一定的階段，而中國所缺乏的就是一個最新的階段。

在這樣的情況下，激進的思想就要把中國推到歷史的最新階段，馬上要超越資本主義，進入社會主義，甚至孫中山的「畢其功於一役」和「迎頭趕上」的說法也涵有這種激烈的意味。如果社會主義還不夠，下一步便是共產主義。愈快愈好！因此就不顧現實的條件。而民主自由這一西方的傳統，在五四時是認為很重要的，可以代表西方文化的精萃，到了二〇年代中葉反而被看成是資產階級的文化。而資產階級的文化在中國激烈化思想的過程中，很快就被看作是落後的東西。其由先進變成落後的速度，較之康有為、梁啟超在五四時的遭遇，只有遠過，而無不及。

簡單地說，中國經過五四，先是否定了自己的文化傳統，認為是負面的，是現狀造成的主因。如果想改變現狀，就先要西方化，或近代化，或全盤西化。西化的標準是甚麼？就是以民主與科學為主流的歐美傳統。但五四運動不到兩三年，共產黨就在一九二一年成立了。一、兩年之內中國的思想很快就進入更激烈化的共產主義階段。馬克思主義得到不少青年的信仰。這一發展最能說明中國思想的激化跟現實有關。因為現實沒有一個秩序可供立足，大家就不斷要變，思想停不下來。在三〇年代國民黨北伐後，好像形成了一個政治中心。那時的知識界多少也有一些共同的看法，想建立一個現代的國家和社會秩序。然而國民黨的「一黨專政」和堅持「思想統一」，使它和知識界的人疏離了。因此雙方沒有達成融洽的共識。不過無論如何，朝野之間大體上有一種默契，即依照英、美的模式，在現有社會體制的基礎上逐漸推動現代轉化。所以不少知識領袖肯毅然到南京參加政府工作。這其間有一個極重要的共識，即中國人必須團結起來，建立一個富強的國家，才能抵抗日本的侵略。但是這一朝野合作的時期極為短暫，一九三七年抗戰爆發，中國進入了另一歷史階段。

抗戰的最初幾年，舉國為民族主義的思潮所激動，大家暫時不談如何改變中國現狀的問題。但抗戰後期，特別是一九四一年美國參戰以後，民族危機基本上渡過了，中國在戰後應該建立怎樣一種社會文化秩序便立刻再成為思想界爭論的主題。激進化的過程也以更大的速度在中國思想史上重新開始。這時政治重心是在重慶，而思想和文化重心則在昆明的西南聯大。西南聯大當時號稱「民主堡壘」，在思想上繼續五四的傳統。那時在屬於北大、清華一系的教授羣中，思想的主調還是「民主」與「科學」。但是政治因素卻為思想的激進化提供了新契機。一方面，國民黨加強思想控制，推行「黨化教育」，引起了教育界的普遍反感，另一方面共產黨則通過地下組織，以「民主」為號召，博得了知識分子的同情。這是馬克思主義和所謂「新民主主義」在社會上得到廣泛傳播的一個關鍵；最先是大學生受到感染，然後再一步一步地影響到教授階層。我們不必過分看重政治鬥爭的策略運用，更不能把知識界的左傾簡單理解為受野心者的愚弄。客觀地看，抗戰後期以來思想的激進化仍是同一歷史趨勢的繼續發展，不過因為民族危機而一度停頓而已。危機一過，它自然又擡頭了。最根本的原因還是知識分子對於愈來愈壞的現狀不可能認同。因此徹底打破現狀，建造一個全新的理想社會，對於知識分子而言，還是具有最大的吸引力。當時雖然也有少數文化上傾向保守學人大聲疾呼，要人們正視革新與傳統的關係，但是這種呼聲只能招來譏笑，而不能激起深思。這是因為受五四洗禮的中國知識分子已認定現狀的造成必須由傳統來負責。西方的民主理念雖然在少數高級知識分子那裏還有銷路，但市場也越來越小，不但激進的青年對它不感濃厚的興趣，而且傳統派的學人對它也拒多迎少。這種情形並不難理解；在一個中間階層沒有力量而教育又不普及的社會，西方式的民主政治確是很難在短期內實現的。晚年覺悟後的陳獨秀倒是回到了五四時代的民主傳統，他否認所謂「無產階級民主」之說。在他看來，真正的民主只有一種，所謂「無產階級民主」不過是資產階級民主的繼續擴大而已。這是他在實際政治經驗中所獲得的深刻教訓，在今天看來更顯得其中有真知灼見。但是當時的陳獨秀已和五四時代的康有為一樣，早已被新一代的知識分子看成是落伍、保守的人物了。他的言論似乎沒有引起任何反響。中國現代思想史是一個思想不斷激進化的歷程，在這裏又得一個有力的證據。

四〇年代初以來，思想的激進化可以用聞一多一個人的思想轉變來加以說明。聞一多在五四時代傾向於文學上的浪漫主義，他反對胡適一派關於詩的見解。他對中國傳統文化和文學是相當嚮往的。在政治思想上，他是一個國家主義者，其實便是民族主義者的別稱。浪漫主義不免要美化過去，他也是如此。所以他在美國唸書時，寫了一篇很長的英文詩，歌誦中國各種歷史文物的成就。他回國以後，是一個反共的急先鋒，跟青年黨結合在一起，講民族主義，講中國的文化。他研究的是《詩經》、《楚辭》、《易經》之類。他在讀書時，我相信他一方面是吸收了西方為知識而知識的嚴肅態度，另一方面，他也在中國傳統文化裏尋找現代的根源。所以他常常用神話，或用新的學說，像佛洛伊德的理論來解釋《詩經》。這都是想從傳統中發掘現代文化的涵義。

但是，到抗戰末期，他卻有了一百八十度的轉變。這時他研究文化不是為了愛護中國文化，而是覺得裏面有無數的壞東西。他宣稱他深入古典是為了和革命的人裏應外合。他認為中國舊書中沒有一點兒是值得保留的東西。所以他在一些文章中，激烈地把儒家、道家和土匪放在一起！總而言之，他主張只有在完全摧毀了中國舊東西之後，才能夠有新生。

此外，他又是一個典型的五四產兒，而且是五四運動的參加者。所以他最初很尊重西方啟蒙運動中所強調的基本價值，如自由、知識、個性之類。這更是他早期主要生命的一部分。可是，在思想左傾以後，他也否定了這一切。他認為美國的教育，害了他一輩子！他今天才能覺悟到他早年批評魯迅是錯了。聞一多的故事有象徵的意義：中國思想歷程變化之快，在一個人身上全顯出來了。聞一多死時不過四十八歲，他從美國留學回來時不過二十多歲。在短短二十年之內，一個人的變化突然到這種地步，可見中國思想激化之快！

從抗戰勝利到中共政權的建立先後不過四年多。這段期間，由於內戰關係，社會一直動盪不安。再加上學潮洶湧，思想界沒有出現過值得重視的新發展。當時對知識分子影響較大的刊物大概要算《觀察》雜誌。《觀察》的基本立場是西方自由主義，大體上可以看作五四主流思潮的延續。這四、五年，部分由於政治形勢變化得太快，青年一代知識分子的思想激進化也大有一日千里之勢。《觀察》的溫和穩健立場，包括其中費邊社會主義的傾向，並未能緩和激進化的歷程。不過《觀察》所揭櫫的民主、自由、憲法等等觀念還是為日後知識分子反極權統治留下了思想的種籽。三十年代的知識界領袖人物，在抗戰以後也隨着政治的兩極化而迅速分裂，有的認同於中共，以為中共是代表「民主」的；另一些人則不得不選擇了與國民黨同進退的立場。民主與獨裁的爭論時代的共識已一去不復返了。

一九五〇年以後，中共依照史達林在蘇聯所建立的一套社會模式徹底改造了中國，在短短數年之內，廢除了幾千年來自然演進而成的一切制度和組織。在消滅了私有財產之後，所有傳統的「中間團體」(intermediate groups)如宗族、行會、私立學校、宗教組織、同鄉會等都失去了存在的依據，有的則是名存而實亡。中國社會祇有一個黨的組織系統，從中央一直伸展到每一個家庭，以至個人。這確是一個全「新」的結構。從思想史的角度看，這一天翻地覆的巨變正是近代中國思想激進化的結果。中國知識分子最初接受共產主義的觀念便是由於它的激進性的吸引。康有為的《大同書》早已露出這一傾向。我們今天已看得很清楚：共產主義並無所謂「空想的」和「科學的」之分。馬克思的共產主義只有比柏拉圖、摩爾、聖西蒙等人的共產主義更為烏托邦。所以《大同書》和《共產黨宣言》其實是同一類的作品，祇有程度上的不同。

在五〇年代的初期，大多數中國知識分子無論理不理解或接不接受這個「新」的秩序，大概都不得不承認這個秩序確是「新」的，而且會長期存在下去。中國在經歷了一百年的動亂之後，似乎出現了一個現狀，可以為保守或激進的思想提供一個社會座標。例如梁漱溟先生雖然和毛澤東發生過嚴重的衝突，但是梁先生其實是在承認現狀的前提下提出批評的。一直要到所謂「鳴放」期間，知識分子體驗了極權統治八年之後，他們之間才開始有人表現了一點懷疑的精神。激進理想的幻滅也許使他們對民主、自由的觀念有所依戀。但是緊接着便是「反右」，知識分子的聲音從此被壓抑了二十多年。

最值得注意的是：一九四九年以後在大陸上所出現的新現狀很快地又成為被否定的對象。思想激進化的歷程仍然在持續之中。我們可以用毛澤東的思想變化作一說明。毛澤東雖然祇能算是一個邊緣性的知識分子，但是他確是受過五四激進思潮的洗禮的人。因此他不能認同於任何現狀，一生都在激進化的歷程之中。從這一點說，他在中國近代、現代思想史上是富於象徵意義的。抗戰時期他提出過「新民主主義」的主張，但是等到實現這一主張的時機出現時，他已拋棄了它。一九五五年他便認定「社會主義」的階段已經來臨，從此廢除了私有制，在城市中消滅了工、商階層，在農村則收回了土改所分給農民的土地，實行農業合作化。再過三年，他又不甘心停留在「社會主義」階段，開始辦「人民公社」，要立刻進入「共產主義」的最後階段。「人民公社」、「大躍進」造成了空前的三年災害，不得不暫時退卻。然而在經濟剛剛恢復之後，他又發動所謂「文化大革命」了。我們當然不能天真地把這些一次比一次激進的政治行動都歸因於毛澤東個人的思想激化。其中當然涉及無數內在和外在的、個人和社會的複雜因素。我們只是要指出，像「文革」這樣的巨變也可以從思想史的背景方面獲得一種理解。這個背景便是上面所說的，思想的激進化過程。這一過程差不多有一百年的歷史；它積累了一股越來越大的衝力，好像巨石走峻坂一樣，非到達平地不能停止。「巨石走峻坂」只是一個比喻，並不十分恰當，因為思想激化過程並沒有現成的平地可止。關於如何建立一個合理的人間秩序的思維最後總是要落實到某種社會、政治、文化的體系上面——這是思想的「平地」。百年以來，中國的舊秩序已崩潰，而一個能為多數人所接受的新秩序遲遲無法出現，因此思想的激進化也沒有止境。這樣就陷入了一個惡性循環：一方面惡化的現狀滋生激進的思想；另一方面，思想的激化又加深現狀的動盪。無論毛澤東發動「文革」的真正動機是甚麼，他之所以能夠理直氣壯地以越來越激烈的口號煽動羣眾則正是憑藉了思想史上這一股激進化的衝力。

從一般的標準說，中國現代思想的激進化在「文革」時期已走到了全程的終點：不但中國傳統文化和西方近代文化的主流都受到了最徹底的否定，甚至社會主義的文化主流也遭到猛烈的抨擊。總之，古今中外一切存在過的社會秩序都成為詛咒的對象。

那麼「文革」以後，中國思想史的激進化過程是不是已結束了呢？在最近這十年間，由於「改革」和「開放」的需要，我們重新聽到了大陸知識分子的心聲。這十年來的大陸知識界確有「百家爭鳴、百花齊放」的氣象。今天大陸上知識分子的聲音很多，不再是單調的直線發展。但是就其中所表現的主要傾向而言，我們覺得激進化的歷程仍未終止，不過倒轉了方向而已。如果我們以「五四」為起點，我們不妨說，經過七十年的激進化，中國思想史走完了第一個循環圈，現在又回到了「五四」的起點。西方文化主流中的民主、自由、人權、個性解放等觀念再度成為中國知識分子的中心價值。全面譴責中國文化傳統和全面擁抱西方現代文化似乎是當前的思想主調。這是不難理解的，因為今天中國大陸的現狀是一種惡化而又腐化的極權體制。不少人把中國傳統理解為一種「文化心理結構」；正是由於這一結構，極權體制才能在中國生根和成長。儒家自然又成為眾矢之的。有些人甚至提出「馬列主義儒家化」的論斷，認為馬列主義所造成的災禍，歸根到底還是要由儒家來負責。中國現狀不是這幾十年之內造成的，其遠源在中國遠古的黃河文明。西方文化則自始即是健康的、先進的、活潑的。中國只有徹底掃清原有的文化傳統，歸宗於藍色的海洋文化，才能真正得到解救。這就是電視劇《河殤》的主題。從《河殤》的轟動一時，我們不難窺見反傳統的激進思想是多麼深入知識分子之心。

從思想的實質說，第一個循環是從「五四」的自由主義，特別是其中的個體主義 (individualism)，迅速地向社會主義的一端轉化。「五四」時代強烈的個性解放和自我意識是對於傳統「名教」的反抗。但此後的民族危機日深卻使「大我」淹沒了「小我」。社會主義和民族主義之間本無必然的歷史聯繫，不過二者之間有一個共同點，即以羣體為本位。在這一點上，二者終於合流了。然而社會主義幾十年來的實踐則證明了海耶克 (Friedrich August von Hayek) 的預見，是走向「奴役之路」(Road to Serfdom)。以中國的特殊經驗而言，其結果即是一個更具壓制性的「新名教」秩序的建立。正由於第一循環始於摧毀舊名教而終於建立新名教，所以今天第二個循環又不得不回到「五四」的始點，再度從個體本位出發。但以其對中國文化傳統的態度而言，第二循環的激進較之第一循環只有過之，而無不及。這是由於「五四」一代的傳統批判者基本上是在中國文化傳統的薰陶下成長起來的，因此對中國文化的長處還有親切的體驗。傳統的道統規範和情操對他們的立身處世多少還有一些約束作用。今天新一代的批判者無論在知識上和生活上都已沒有機會直接接觸傳統文化。他們往往把極權體制看成中國文化的現代翻版，在這樣的心態下，反現狀和反中國文化竟合為一體了。

在中國近代、現代思想史的脈絡下討論「保守」和「激進」一對概念，我們首先要強調其文化的意義。這一點中國和西方保守派—自由派—激進派的三分局面不同。西方的三派都是相對於一個存在了兩三百年的社會現狀而成立的。在這兩三百年中，西方已經過了啟蒙運動、民主革命、工業革命等一連串的思想、政治、經濟各方面的變革。西方社會是一個現代化的開放系統，基本上有自我調節的功能。因此無論是保守派、自由派或激進派都已越過了傳統與現代之爭。中國則不然，思想衝突的焦點正在傳統與現代之間，而以中國文化代表傳統，以西方文化代表現代。因此一個人是保守還是激進，並不在於他對現狀的態度（因為人人都是否定現狀的），而是取決於他對中國文化傳統的看法。但是在中國現代思想史上最有勢力的兩個流派——自由主義和社會主義——大體上都對傳統持否定的立場，文化保守主義則始終沒有影響力。這大致是從「五四」到一九四九年的思想狀態。祇有在一九四九年以後，海外（包括臺灣和香港）才開始有一點保守派的聲音，雖然還是很微弱的，說到這裏，我們不能不稍稍回顧一下近四十年來臺灣地區的思想發展。

臺灣在五〇年代有《自由中國》刊物，影響很大。這是「五四」主流的新發展。《自由中國》一方面針對大陸上的極權主義，另一方面則和國民黨的一黨專政相對抗。《自由中國》後來雖因政治迫害而結束，但是民主、自由的種子終於流傳了下來。今天臺灣民主運動和反對黨的重大發展在思想上是繼承了《自由中國》的傳統。所以雷震和殷海光在今天反對黨方面仍享有很高的聲望。但在文化觀念上，《自由中國》則繼續了「五四」的激烈的反傳統的風氣。到了六〇年代反傳統的思潮更發展為大規模的中西文化論戰，「全盤西化」的觀念一時甚囂塵上。這和今天大陸上的思想境界是很相似的。但是一九四九年以後，中國文化在大陸上正遭到有系統而全面的摧殘。面對這一新的現狀，臺灣和香港的知識分子很難再繼續「五四」時代那種高昂的反傳統的激情。在政治思想上傾向自由主義的人因此也轉而對中國傳統有一種同情的瞭解，胡適在一九六〇年的英文演詞「中國傳統與未來」(The Chinese Tradition and the Future) 便強調中國有一個理性和人文的傳統，這個傳統是任何暴力所不能毀滅乾淨的。民主和科學將在這一「中國基址」(Chinese bedrock) 上使中國獲得新生。胡適的基本思想並無重大改變，然而他的着重點顯然有了移動。甚至殷海光在臨死之前也對他生平所深惡痛絕的中國文化流露出一股欣賞之情。總之，海外的中國自由主義者很少再堅持民主、自由和中國文化勢不兩立的極端觀點了。正是在這種情勢之下，有些知識分子開始從新的思想角度重新闡釋中國的文化傳統，我較熟悉的《民主評論》、《祖國》、《人生》等刊物大致都表現了這一新的方向。

專就臺灣而言，四十年來思想爭論的情況大體上還相當正常，保守、自由、激進各派觀點都有表現的機會。以總的思想趨勢來說，激進化的歷程大有為多元化所取代的可能。這大概和臺灣的社會現狀一直比較穩定有關，尤其和近一、二十年來中間階層的成長和擴大有關。國民黨可以在一九六〇年輕而易舉地封閉《自由中國》並壓制反對黨的運動，但是今天則不能不順應潮流，走民主開放的道路。如果我們用「傳統」與「現代」一對概念，我們可以說，臺灣是唯一的中國地區露出一線從「傳統」轉化為「現代」的曙光。更重要的是這一轉化似乎可以不必經過暴力革命和徹底破壞。在世界史上，英國和日本是和平轉化得到成功的例子。法國大革命因受暴力的影響過大，反而延遲甚至破壞了革命前早已開始的許多政治、社會方面的改革措施。（補註：可參考 Simon Schama, *Citizens: A Chronicle of the French Revolution*, New York, 1989. 這是一部翔實、生動、而比較持平的大著作，很受史學界的重視。）由於種種特殊的歷史因素，中國文化在臺灣所造成為社會組織和結構倖免於革命式的破壞。臺灣社會雖自始即不完全同於大陸，但畢竟是同一文化根源上所發展出來的分支。一百多年來，臺灣當然已屢經現代化的衝擊而變得更與中國本土不同。不過臺灣的社會經濟、政治、文化各方面的變遷基本上是通過一個自然的、漸進的歷史過程。中國傳統在那裏還保存得相當多，至少遠比大陸為多。今天在臺灣的中國人多數認同於這一個向現代轉化中的社會體制。早期移民的後代中，有一部分人要求「獨立」，似乎思想上表現很激進。但是深入分析，這些人祇是不肯接受國民黨的政治體制，而不是要推翻整個社會體制。最近幾年的發展似乎顯示臺灣的體制已具有開放性格，逐漸顯出自我調節的機能了。

一般而言，在一個多數人願意接受的開放型社會中，思想不致於形成激進化的單向發展。臺灣的現有秩序，如上面所說，一方面脫胎於中國文化，另一方面又屢經現代的變遷，基本上是以日益擴大的中間階層為骨幹。如果民主改革能夠循序進行下去，這個秩序將越來越能靠本身的力量以化解任何激進思想的衝擊。這一社會秩序中儘管保存了不少傳統文化的成分，知識分子反而不感覺有反傳統的需要。六〇年代中西文化爭論的思想水平很低，學術根基更是淺薄，因此沒有留下甚麼影響。爭論之所以熱鬧一時，分析起來，還是因為它是政治抗議的一種隱蔽方式。《自由中國》封閉以後，國民黨對自由主義者橫施鎮壓，雷震入獄，殷海光不許執教，談論民主、自由、人權都成了禁忌。在這種政治氣候之下，反中國傳統其實便是反國民黨的一黨專政。從這一角度看，當時西化論者，無論思想水準如何，還是有積極意義的。這和今天大陸上《河殤》所代表的思潮，前後如出一轍。但是現在臺灣黨禁已開，言論結社的自由基本上已不成問題，因此以中國傳統來影射專制政權而施以猛烈的攻擊，也就引不起廣泛的興趣了。「影射史學」無論在臺灣或大陸都有得不償失的嚴重後果：第一、它曲解歷史，首先違背了知識誠實的原則；第二、它把一切現實的罪惡歸之於中國文化傳統，在客觀上反而起了為現政權開脫責任的效果。

臺灣的民主開放是最近兩三年的事，最後的歸趨如何，仍難逆料。目前臺灣似乎頗有「亂象」，政治上有非常激烈的口號，也有暴力邊緣的「羣眾運動」。關鍵所在還是國民黨未能及時解決民意代表全面改選的問題。如果民意代表問題解決了，法律的獨立性也逐步建立了起來，臺灣大有可能發展成一個開放型的民主秩序。廣大中間階層的存在是這一秩序的基本保證。西方近代的民主在起源上和中產階級的出現有重要關係，但是僅僅有中產階級並不必然能帶來民主，第二次大戰前的德國和日本都是顯例。西方的民主國家，如英、法、美，除了經歷過社會經濟的現代變遷以外，還有一個思想上的傳統——主要即啟蒙運動所提倡的自由、容忍、人權、三權分立等觀念。臺灣今天之所以能走向一個開放的秩序也是因為它具有雙重條件：中間階層和民主思想的傳統。從這一點說，《自由中國》的貢獻是不容抹殺的。而《自由中國》的源頭則是「五四」運動。臺灣的新秩序的出現多少改變了現代思想史上那個激進化的趨向。現在很少人主張「傳統」和「現代化」勢不兩立的極端觀點；相反的，更多的人感到最有興趣的是怎樣在「傳統」與「現代」之間找到接榫之處。臺灣也有少數人企圖引進一些西方「新左派」的激進觀念，但是到現在為止，好像還沒有獲得預期的回響。

臺灣近一、二十年的思想演變提供了一個重要例子，足以從反面說明中國現代思想史上激進化的歷程，主要是起於社會無法提供一個值得多數人認可的現狀。但是思想和社會現狀又是互為影響的，思想的激進化也發揮了不斷破壞現狀的作用，至少使任何現狀都無法取得合法性。今天的中國大陸則仍然陷在這一困境之中。從思想史看，今天中國的現狀起於最激進的西方思想的革命實踐。但是革命破壞了近代一切舊有的和新興的制度組織，卻帶來了一個最不理性的專橫秩序。對於大陸的知識分子而言，徹底打破這一新的現狀又成為最迫切的任務。這正是為甚麼思想激進化的歷程又回到第二次循環的始點。

在結束這次演講時，我願意回到中國文化傳統的領域，總結一下關於「保守」與「激進」兩個觀念的看法。相對於任何文化傳統而言，在比較正常的狀態下，「保守」和「激進」都是在緊張之中保持一種動態的平衡。例如在一個要求變革的時代，「激進」往往成為主導的價值，但是「保守」則對「激進」發生一種制約作用，警告人不要為了逞一時之快而毀掉長期積累下來的一切文化業績。相反的，在一個要求安定的時代，「保守」常常是思想的主調，而「激進」則發揮着推動的作用，叫人不能因圖一時之安而窒息了文化的創造生機。世界上幾個主要文化大致上都是循着這種一張一弛的軌跡發展出來的。在近代的中國，我們則看到一種截然不同的景象。大多數的知識分子在價值上選擇了往而不返的「激進」取向。前面已說到，無論是戊戌的維新主義者，「五四」時代的自由主義者，或稍後的社會主義者，都把中國的文化傳統當作「現代化」的最大的敵人，而且在思想上是一波比一波更為激烈。他們之間儘管也有極大的分歧，但是卻有一個共同的假定：即祇有破掉一分「傳統」，才能獲得一分「現代化」。把「傳統」和「現代」這樣一切為二，好像是黑夜和白晝的分別，在思想上當然是遠承西方啟蒙運動和實證思潮關於社會和歷史的觀念。限於時間，這裏不能細說。特別應當指出的是，中國知識分子在採取了「激進」的價值取向之後，對於「傳統」則進一步施以凌厲無前的道德譴責。從此「保守」和「激進」的關係成為「惡」與「善」或「黑暗」與「光明」的不能並存的關係。如果我們分析二十世紀的中國語言，我們便會發現，「進步」、「創新」、「革命」、「左派」等名詞都涵蘊着道德上的「善」，因而是人人都爭先恐後去求認同的。相反的，「傳統」、「保守」、「反革命」、「右派」、「反動」、「陳舊」等名詞則涵蘊着道德上的「惡」，因而也是人人避之唯恐不及的。所以國、共兩黨雖都已執政了幾十年，卻仍然堅持自己是「革命的」政府。在共產黨的語言中，「左」永遠是好的。他們在批評「左」的時候，必然要加以括號，這就表示不是真「左」，否則不可能有不好的涵義。這是語言的徹底政治化，以致使中國人完全沒有道德上中立的語言文字可用，嚴肅的學術文化的討論幾乎已成為不可能的事了。更嚴重的是代表「善」的一系的語言在實質上都指的是西方文化，無論是自由主義或馬列主義；代表「惡」的一系的語言則基本上是指向中國文化的傳統。因此今天有些不滿大陸現狀的知識分子往往不敢或不願指責馬列主義，而仍然歸咎於中國傳統。他們說今天的現狀是「馬列主義儒家化」所造成的。我們都知道，儒家在大陸上幾十年來一直是馬列主義的最大思想敵人之一，並且被官方哲學家「批判」得體無完膚，可是馬列主義所給予中國人的一切苦難卻依舊要記在儒家的賬上。這確是很難懂的邏輯。我們大概衹有從「五四」以來激烈的反傳統的潛意識中去尋找解釋：馬列主義是「現代的」而且是「西方的真理」，因此不可能出問題。馬列主義之所以「不靈」是由於它受到了傳統儒家的侵蝕。至少在有些知識分子看來，儒家的正面理論雖然已無人理會，它造成的「文化心理結構」則還在暗中支配着中國馬列主義者的思想。這種說法當然有可供參考之處，但必須通過詳細的經驗研究才能顯示確定的意義。今天持此說的人則往往出之以含糊籠統的態度；在這種態度的背後，我們便衹能看到「傳統阻礙現代化」那個牢不可破的成見了。

上面已提到，這一成見的思想淵源是西方啟蒙運動和實證主義的傳統。尋找「歷史規律」並根據「規律」來劃分社會發展的階段（包括孔德的三階段和馬克思的五階段）都是實證主義的產物。把傳統和現代作尖銳的對照，把歐洲中古看作「黑暗時代」，歌頌「現代」，信仰「進步」，以宗教為迷信，以科學為萬能……這些都是啟蒙時代以來西方人的新觀點。在這種思潮的激盪之下，「傳統」自然變成了一個貶義的名詞。「五四」時代中國知識分子反傳統的理論根據不出十九世紀和二十世紀初的西方學術成果，但是這種根據一直流傳到今天似乎還沒有受到修正。最近幾十年中，西方人文、社會學科各方面的具體研究都對「傳統」和「現代」的關係提出了相當不同的看法。例如歐洲中古史的研究已基本上改變了我們對中古時期的文化評價。特別是十一、十二世紀所表現的文化活力使我們知道文藝復興以下的若干新發展早已醞釀於兩百年以前。中古與近代（這是文藝復興的觀念）之間的界線究竟在何時，今天已極費斟酌了。社會學家研究「傳統」社會和「現代」社會的分野也遇到同樣的困難。這兩種社會的分別是無可否認的。但是正如 S. N. Eisenstadt 所指出，這一分別往往使得膚淺的讀者發生一種嚴重的誤解，即以為所謂「現代」社會和它本身的傳統之間不存在建設性的關係。事實恰恰相反，「現代」一方面突破了「傳統」，另一方面也同時繼續並重建了「傳統」。（Eisenstadt, "Post-Traditional Societies and the Continuity and Reconstruction of Tradition," *Dædalus*，一〇二，一九七三年）。此外西方的宗教史家起而為「傳統」辯護者更多，也頗引起學術界的重視（可參考 Jaroslav Pelikan, *The Vindication of Tradition*, Yale University Press，一九八四年）。西方的舊說大致相當於中國人所常說的「除舊開新」，而西方的新說則相當於「推陳出新」。中國思想中「新」和「舊」

的關係從來不是單向的；「新」代替「舊」，但是「新」也從「舊」來，兩者之間又是互相依存的。推之於「傳統」和「現代」，兩者關係也同樣是十分複雜而交錯的，其實西方思想史也何嘗不是如此，只是在現代「進步主義」(progressivism)的思潮支配下才失去了平衡的。正如Edward Shils所指出的，「進步主義」的偏見使西方知識分子把一切對「傳統」（制度、習慣、信仰等）稍表尊重的人都斥之為「反動分子」或「保守分子」。「進步主義者」把思想從左到右劃成一條線，越是靠近「右」的便越壞。但是「進步主義者」有時也不免要談「傳統」甚至宣稱他們要「捍衛」他們自己的「傳統」，如馬克思主義的「傳統」或「革命的傳統」。他們往往陷於思想的混亂和矛盾而毫不自覺。（見Shils, *Tradition*, University of Chicago Press，一九八一年。這是社會學家第一部解析「傳統」的系統著作，因為社會科學最早源於實證論和「進步主義」，從來鄙視「傳統」，因此也不屑去研究它。）

上面簡略地檢討了「傳統」和「現代」的辯證關係，這也許有助於我們對「保守」和「激進」的新理解。特別是從文化的觀點說，「保守」和「激進」這兩種似相反而實相成的態度在長程的發展中必須取得平衡。面對現代西方文化的挑戰，中國傳統文化不得不進行大幅度的改變，這是百餘年來大家所共同接受的態度，只有程度上的分別而已。激進取向支配著近代中國的思想界是有其必然性的。但是與近代西方或日本相比較，中國思想的激進化顯然是走得太遠了，文化上的保守力量幾乎絲毫沒有發生制衡的作用。中國的思想主流要求我們徹底和傳統決裂。因此我們對於文化傳統只是一味地「批判」，而極少「同情的瞭解」。甚至把傳統當作一種客觀對象加以冷靜的研究，我們也沒有真正做到。這是西方「為知識而知識」的科學精神，但卻始終與中國知識分子無緣。中國人文傳統的研究到今天已衰落到驚人的地步。對傳統進行猛烈批判的人也常說「取其精華，棄其糟粕」之類的話，可惜只是門面話，不過為「批判」找藉口而已。劉禹錫〈浪淘沙詞〉之八說：「千淘萬漉雖辛苦，吹盡狂沙始到金。」也有人引這兩句詩為「批判」張目。「排沙簡金」誠可以「往往見寶」。但是如果一個人根本不信沙中有金，而且也志不在「簡金」，那麼結果是把沙和金一齊都「吹盡」了。「批判」這個觀念的神聖化、絕對化也是中國思想激進化的一個鐵證。甚至以宣揚儒學為號召的人也動輒以「批判」自許，唯恐別人笑他「保守」，笑他不夠「進步」或「激進」。陳寅恪說「真了解」是「神遊冥想，與立說之古人發於同一境界，而對其持論所以不得不如是之苦心孤詣，表一種之同情。」蕭公權的治學座右銘則是「以學心讀，以平心取，以公心述。」這都是卑之無甚高論的「保守」說法。但是如果我們真的要「吹盡狂沙始到金」，恐怕祇有採取這種比較平實的態度。至少我們要先做到這一步，才有資格談「批判」兩字。中國人文傳統中何嘗沒有為「現代人」所迫切需要的精神養料？如果我們懂得孔子所謂「善人為邦百年，亦可以勝殘去殺」的道理，如果我們瞭解孟子所謂「不忍人之心」的道理，中國近幾十年來的政治史會是這樣殘酷嗎？我們且慢譏笑孔、孟之道是「封建」的東西。今天西方人對「自由主義者」(liberal) 正是這樣重新界說的。「自由主義者是一個把人為的殘酷看作最大的罪惡的人。」（見 Judith Shklar, *Ordinary Vices*, Harvard University Press, 1984。並可參看 Richard Rorty, *Contingency, Irony and Solidarity*, Cambridge University Press，一九八九年，第三部論 "Cruelty"。）這是把「自由主義者」的涵義擴大了，從狹義的政治方面推廣到文化的領域。文化不僅是「除舊開新」，而且也是「推陳出新」或「溫故知新」。創新和保守是不容偏廢的。

我記得愛因斯坦曾向一羣孩子說過：「你們在學校裏所學到的那些好東西，是經過許多時代所積起來的。這些辛苦得來的東西現在都放在你們的手中了。你們要好好接受這份遺產，珍惜它，並且對它有所增加。有一天你們可以再把它交給你們的孩子。」這裏說的正是中國人所謂「推陳出新」，「守先待後」的道理。最近 Allan Bloom 寫了一本引起高度爭議的書——*The Closing of the American Mind*。這部書是對美國幾十年來的激進思潮所提出的強烈評論。他把各種虛無主義、相對主義的觀念歸咎於德國哲學的影響，尤其是尼采和海德格等人。他要求大學生回到古典的傳統，尤其重視柏拉圖的《共和國》。Bloom 自然是一位保守主義者，他的議論引起了激進派以及自由派的強烈反感，那是在意料之中的事。我並不十分信服他的論斷，但是我深信他確是有感而發，非一般不關痛癢的議論可比。我尤其欣賞他那種敢犯眾怒的道德勇氣。中國現代思想史之所以捲入激進化的頹波而一洩無底，關鍵之一也許正是因為敢犯眾怒的人太少了。Bloom 要求西方大學生正視希臘古典的文化源頭，至少這是值得我們借鑑的。他指出尼采也許要算近代反蘇格拉底的理性傳統的第一位系統思想家，海德格聞尼采之風而起，對西方全部哲學和科學的傳統都投之以激烈的懷疑眼光。但是他們兩人卻都曾深入希臘古典的堂奧，把古典研究當作嚴肅的中心任務。

今天追隨他們的人則不然，這些人直截了當地以為蘇格拉底、柏拉圖、亞里斯多德都已被尼、海兩大師徹底打倒了，整個西方理性傳統都不值一顧了。Bloom 的控訴也許有欠公允，這一點我沒有資格判斷。不過我覺得這一論點大可移用到中國現代反傳統的情況上面。「五四」第一代的反傳統者如陳獨秀、胡適、錢玄同、魯迅等人都是舊學深湛的人。蔡元培在答林紓的信中便強調了這一點。他們反中國傳統，是入室操戈以後的事，因此確有所見。「五四」第二代、第三代以至今天的知識分子對於中國人文傳統大概只有一個抽象的觀念，即使其中有人肯化些功夫去翻檢古籍，他們所戴的「五四」眼鏡也使他們很難「與立說之古人，發於同一境界」。至於連古籍都讀不大通的人，那就更不在話下了。所以「五四」以來的反傳統風氣越到後來便越發展成「一犬吠影，百犬吠聲」的情況。這是研究中國現代思想史的人所特別應該深思的地方。

矯枉不能過正，我決不是提倡用「保守化」來代替「激進化」的潮流。無論是愛因斯坦也好，是 Allan Bloom 也好，他們都主張「保守」和「激進」或「創新」是需要隨時隨地在相平衡的。中國百餘年來走了一段思想激進化的歷程，中國為了這一歷程已付出極大的代價。今後這一代價是不是可以變成歷史的教訓？知識分子是不是能夠超越「黨同伐異」的政治意識？對於一切「言之成理，持之有故」的說法，無論是「保守的」或「激進的」，都加以容忍？尤其重要的是：在激進思潮仍然高漲的今天，我們是不是能夠開始養成一種文化上的雅量，對於「保守的」或近乎「保守的」言論不動輒出之以輕薄或敵視的態度？

我願意把這一系列問題作為這次演講的暫時性的結論。

《錢穆先生八十歲紀念論文集》弁言

昔孔子講學於春秋之季世，游於其門者有前期與後期之別。顏回、子路之徒，所謂先進弟子也；子游、子夏之徒從夫子於老年返魯之後，所謂後進弟子也。蓋夫子晚年知道之不行，乃退而講授六經、整理舊統。孔門設四科為教，而子游、子夏之徒獨於夫子文學之傳所得為多，不亦宜乎！

無錫錢賓四先生初登杏壇，猶未及冠，自是之後，主講南北諸大學史席，迄今不輟。先後及門之士蓋已遠逾三千，非復孔門前期後期之分所得而盡之矣。先生講學六十餘年於茲，其中最為艱苦亦最著精神之一段，厥為在香港創辦並主持新亞書院之時代（一九四九—一九六五），此則今日海內外學人所盡知而共仰者也。新亞書院成立於中國學術不絕如縷之際，故先生講學特倡通博與專精互濟、溫故與開新相扶；雖單言隻語，莫不能豁人明照，使聽受者皆奮然而思有以挺拔於流俗。先生又恐後生習聞高論，輕忽學問基址，則精神雖振而義理虛懸，其事終不可久，於是復於一九五三年有新亞研究所之增設。新亞研究所，一如新亞書院，仍以文化之創新與人格之完成為第一事、第一義，而視純學術之研究為第二事、第二義。然先生之意，固同於陳東塾先生，謂「第一事必在乎第二事，第一義必在乎第二義，除此第二事第二義更無捷徑」，斯又新亞研究所與近世其他文史研究機構之專以專門絕業為標榜者，截然異趣之所在也。考先生前後講學之所皆已先有成規，獨新亞書院之規模為先生自出手眼之創闢。然則先生講學新亞，不徒在先生個人學術生命中為最顯光彩之一頁，即在現代中國教育史上亦是一大事因緣也。

一九六四年，新亞書院既已加入香港中文大學，為基本成員之一，學校之基礎確立，先生乃毅然引退，著書自娛。老子所謂「生而不有，為而不恃，功成而不居」者，唯先生有焉。然先生雖引退，昔年新亞門徒中受先生德澤所化者，於先生之教固未嘗敢一日或忘。今年適值先生八十大慶，諸門徒乃羣謀刊行論文集祝壽，徵文範圍專以先生講學新亞期間親承教澤者為限。非有所限也，蓋先生新亞講學之一段精神必如是而可見也。

十年之前，新亞門徒固嘗自喜為先生之後進弟子矣。然先生壽愈高而體愈健，聰明矍爍，尤勝往昔。且有教無類，誨人不倦，十年以來，新列門墻者又不知其已凡幾。於是乎新亞門徒已寖寖乎進而為先生之中期弟子矣。自今以往，先生之壽每益十年，新亞門徒在師門之輩次亦推前一期。他年也，新亞門徒昔嘗自許為先生之子游、子夏者，不終將進而為先生之顏回、子路歟。謹以斯意為先生壽！

壽錢賓四師九十

博大真人世共尊，著書千卷轉乾坤。公羊實佐新朝命，〈劉向歆父子年譜〉。司馬曾招故國魂。《國史大綱》。陸異朱同歸後案，《朱子新學案》。墨兼儒緩是初源。《先秦諸子繫年》。天留一老昌吾道，十載重來獻滿樽。其一

浪捲雲奔不計年，麻姑三見海成田。左言已亂西來意，上座爭參杜撰禪。九點齊烟新浩刦，二分禹域舊因緣。闢楊距墨平生志，老手摩挲待補天。其二

挾策尋幽事略同，先生杖履遍西東。豈貪丘壑成奇賞，為訪關河仰古風。白鹿洞前流澤遠，蒼龍嶺上歎途窮。蒼龍嶺乃華山絕險處，韓昌黎詩：「華山窮絕徑」，殆即指其地。《國史補》遂有韓公不得下山之傳說。先生《師友雜憶》言及白鹿洞及華山韓公故事。儒門亦有延年術，只在

山程水驛中。其三

海濱回首隔前塵，猶記風吹水上鱗。避地難求三戶楚，占天曾說十年秦。《法言》：「史以天占天，聖人以人占天。」河間格義心如故，河間竺法雅首創格義之學。伏壁藏經世已新。愧負當時傳法意，唯餘短髮報長春。其四

附錄：錢賓四先生論學書簡（附原文）

（一九六〇年五月二十一日）

英時老弟大鑒：前函諒到達，連日忙於他事，　弟之論文擱置未復，想勞懸念，若再拖延，恐前讀影響模糊遺失，勢須重讀，今日週末，當竭半日之力，就尚在記憶中者約略陳之。①弟文最須再考慮者，多在上篇，而羣體自覺一語，似剖析尚欠周密，若謂是一種階級意識，似與東漢士人精神，稍嫌不貼切，外戚宦官與士人之衝突，主要還應注意到士之正義感，儒家之傳統精神。②以天下為己任，此自先秦孔孟儒家開宗即如此，不得謂自東漢啟之，且以天下為己任，即與階級意識之覺醒判然兩事，　弟文下語時時有含混不分明之處。　③內在分化一層更值考慮，　弟文對此似無堅強證據可資說明，以地區分別言，先秦即多有之，如齊魯，如三晉，如南方學者等，不得亦謂是內在分化。前漢公羊穀梁之爭，亦以齊學魯學為言，《詩》亦有齊魯與河北之分，若就羣體自覺演進到內在分化，以如此線索說之，太近是近代人意見，疑非當時真相。　④弟文又謂於地域分化外，復有上下層之別，此意見更可商，　弟謂當時士羣交際道德意識重於階級意識，此語極扼要，但既是如此，則所謂羣體自覺，自須更加明確之界說，而當時人所辨之清濁，與近代語所謂上下層，亦有甚大距離可知。　⑤弟文又有士大夫對世族與寒門之自覺一語，此亦極可再斟酌。所謂自覺，本身應有一價值，階級意識自馬克思階級鬬爭之歷史觀言，自有甚大價值，但自不取馬氏歷史觀者言，階級意識根本不當有，此即不得用自覺一語，世族賤視寒門，卻不得謂其是一種自覺也。至於個體自覺則自當別論，因個體確自有其價值所在，與階級門第等不當同類視之也。　寫至此，適得　弟來書，謂此後論文，不擬再從士之自覺一點立論，而須對當時學術為一較全面之整理云云，此意見甚是。穆之此書，此下當另起論點，不再縷舉　弟原文為說。①弟原論文正因太注重自覺二字，一切有關政治社會經濟等種種外面變動，　弟意總若有意撇開，而極想專從心理變動方面立論，但內外交相映，心理變動有許多確受外面刺激而生，　弟文立論，時覺有過偏之處。②學術思想之傳統，此事甚不可忽，東漢思想，因於時變，而有由儒轉道，由周孔轉老莊之趨勢，　弟文因一意在內心自覺一點上故意渲染，轉於此前人共有之觀點上忽略了，不能有深細之闡發。③若論學術傳統之全面整理，除儒道兩家外，法家一方面甚不宜忽視，晚漢下及魏晉，此一方面極該注意。④作歷史性的研究，最要在能劃清時代界線，　弟原文一大缺點，未先把東漢與西漢之轉變處明白劃出，則沒有一明白的開頭，下面亦沒有一明白的結梢。究竟所謂魏晉時代之思想與風氣，後面又向何處變化，其轉變之時期與關捩在那裏，此須有一交代，前有起後有迄，此一論文始得成體。然此事則須上窮下究，費較大工夫，雖論文下筆，於題前題後不須多寫，然論文之精采與警策處，則必須化此工夫始見也。

⑤鄙意若欲作一番對當時學術較全面之整理，其事甚不易，一年時期恐難完成。　弟之新論文不如以當時士大夫之意態與學風兩點為主，因學風可從外面說，較易着手，即如史學，馬班已有甚大不同，魏晉以下史學，大可注意。即就荀悅與袁宏兩人言，勢非細讀兩家前後《漢紀》看出他們異處何在，同處又何在；又如范蔚宗《後漢書》與班氏《前漢書》異處何在，同處又何在。其他如七家《後漢書》，如陳壽之《三國志》與裴松之之注其精神意趣不同又何在。祇就史學論，已甚喫力，只從學風着眼，其事似較易着手，學風與學者之內心意態乃一事之兩面，如此下筆，　弟之原論文大體仍可用，較之另作一題難易相差甚遠，不知　弟意以為如何。　⑥弟原論文似未參考葉水心之《習學記言》，及王船山之《讀通鑑論》，此兩人都能從歷史演變中推求時代心理而從以指出學術流變者。葉書着墨不多，然時有極精卓之見解，在南菁書院所刻書中有《習學記言》，若哈大圖書館無此書，只繙《宋元學案》亦得。穆對此兩書，一時不能記憶，然必甚有可參證處，再及章太炎之檢論，此三書須仔細閱之，得一語兩語可以有大用。　⑦關於撰寫論文之體例方面，穆別有

幾項意見，供　弟采擇㊀在撰寫論文前，須提挈綱領，有成竹在胸之準備，一氣下筆，自然成章。　弟之原文，似嫌冗碎軟弱，未能使讀者一開卷有朗然在目之感，此似　弟臨文前太注意在材料收集，未於主要論點刻意沉潛反復，有甚深自得之趣，於下筆時，枝節處勝過了大木大幹，此事最當注意。㊁弟文一開始即有近人言之已詳可不待再論云云，此下如此語例，幾乎屢見不一見，鄙意此項辭句，宜一並刪去。㊂附注牽引別人著作有一〇七條之多，此亦是一種時代風尚。鄙意凡無價值者不必多引，亦不必多辨，論文價值在正面不在反面，其必須稱引或必須辨白者自不宜缺，然似大可刪省，蕪累去而精華見，即附注亦然，斷不以爭多尚博為勝。㊃正文中有許多枝節，轉歸入附注，則正文清通一氣，而附注亦見精華，必使人讀每一條注語，若條條有所得，則愛不釋手，而對正文彌有其勝無窮之感，萬不宜使人讀到附注，覺得索然少味，則轉減卻其先讀正文之影像。何者宜從附注轉歸正文，何者宜從正文轉歸附注，何者宜直截割愛，何者宜加意收羅，當知正文附注只是一篇文字，不宜有所輕重。

此函本僅擬寫一紙，刻已轉入第二紙，所欲言者，大體已盡，而留紙尚多，與　弟面談之機會，或暫時不易得，姑再略作題外之討論。鄙意論學文字極宜着意修飾，近人論學，專就文辭論，章太炎最有軌轍，言無虛發，絕不支蔓，但坦然直下，不故意曲折搖曳，除其多用僻字古字外，章氏文體最當效法，可為論學文之正宗。其次是梁任公，梁任公於論學內容固多疏忽，然其文字則長江大河，一氣而下，有生意、有浩氣，似較太炎各有勝場，即如《清代學術概論》，不論內容，專就其書體制言，實大可取法。近人對梁氏書似多失持平之論，實則在五四運動後梁氏論學各書各文均有一讀之價值也。其次陳援菴，其文樸質無華，語語必在題上，不矜才，不使氣，亦是論學文之正軌。如王靜菴則為文有大可議者，當知義理考據文章，義各有當。靜菴之文專就文論，不在章梁之下，而精潔勝於梁，顯朗勝於章，然其病在不盡不實。考據文字不宜如此一清如水，繁重處祇以輕靈出之，驟讀極易領略，細究實多罅漏。近人以此譏任公，不以此評靜菴，實則如言義理，可效王氏，若言考據，不如依梁較合。又如陳寅恪，則文不如王，冗沓而多枝節，每一篇若能刪去其十之三四始為可誦，且多臨深為高，故作搖曳，此大非論學文字所宜。穆前讀　弟討論陳氏所作關於《再生緣》一文，甚為欣賞，當時即覺　弟不僅能發表陳氏之內心，即　弟之行文，亦大有陳氏回環往復之情味。然此種文字，施於討論《再生緣》、《紅樓夢》一類，不失為絕妙之文，而移以為嚴正之學術論文，則體各有當，殊覺不適。　弟此一論文就穆直感觀之，似受陳君行文之影響實大，此或穆一時覺其如此，　弟或不在下筆前有此意想，然　弟文之蕪累枝節，牽纏反復，頗近陳君，穆亦有意為　弟下筆刪去十之三四，而　弟文所欲表達者，可以全部保留，不受削減，並益見光采，此層大可留意，不知　弟以為如何也。胡適之文本極清朗，又精勁有力，亦無蕪詞，祇多尖刻處，則是其病。穆此條只論文字，不論內容，　弟諒不致誤會，然文字亦大須注意，上所論者乃文體，此一條乃論文之字句章節，與文體略有辨。穆平常持論，為學須從源頭處循流而下，則事半功倍，此次讀　弟文時時感到　弟之工夫，尚在源頭處未能有立腳基礎，故下語時時有病。只要說到儒家道家云云，所討論者雖是東漢魏晉，但若對先秦本源處留有未見到處，則不知不覺間，下語自然見病，陳援菴、王靜菴長處，祇是可以不牽涉，沒有所謂源頭，故少病也。弟今有意治學術思想史，則斷當從源頭處用力，自不宜截取一節為之，當較靜菴援菴更艱苦始得耳。陳寅恪亦可截斷源頭不問，胡適之則無從將源頭截去，此胡之所以多病，陳之所以少病，以兩人論學立場不同之故。　弟今採取之立場，則萬不可截去源頭者，此層盼試細思自可得其意。　弟之才性，為文似近歐陽，不近韓柳，盼多讀歐陽公文字，穆於歐陽公，常所深契，然韓柳境界萬不宜忽，歐陽不從韓公入門，絕不能成歐陽也。清代文字，最盼能讀《碑傳集》。弟之文路，多看《鮚埼亭集》為近，自全祖望上參黃宗羲《明儒學案》各家之序，此是絕大文字，以黃全為宗，再參以清代各家碑傳，於　弟此後治學術思想史行文，必有絕大幫助。治學當就自己性近，又須識得學術門路，穆前舉葉水心、王船山兩家乃參考其意見，至於行文，　弟似不宜學此兩家耳。　弟之行文，似是近於清深喜往復之一路，歐陽自是最佳師承，能自釋回增美為望。清代洪亮吉文大可讀。　弟近洪，不近龔，此兩家亦多妙文，未有深於學而不長於文者，盼　弟能勿忽之。又念　弟之生活，卻似梁任公，任公在日本時起居無節，深夜作文，日上始睡，傍晚四、五時再起床，　弟求遠到，盼能力戒，勿熬深夜，勿縱晏起，心之所愛，無話不及，諒　弟當不為怪也。　弟此次決心返新亞，亦是必如此做始得。至於過幾年後，自然又當別論，若能在新亞有三年相聚，穆亦深感滿意矣，不復多求，幸勿過慮。洪七公書，美琦云不求再閱，可勿寄來。最近美琦專忙申請各處入境及接洽離此旅行各項手續，大約再旬日，必可決定，何日能與　令尊令堂再聚，此刻尚難預定，俟此間大體計畫決定，當再告。穆盡力欲寫成一《論語新解》之初稿，然為日無多，不知能寫就否，匆匆不能盡所欲言，即頌

近祺　　穆啟　　五月二十一日

內人同此候尊弟全家安好

尊大人尊堂前均代道候

英時老弟大鑒：二十四日來書已到，人物風俗因地而異，此層究與所謂羣體自覺之內在分化不同，世族與寒門，在當時人意識中以流品二字說之較得。家世與道德，均可以流品別，清濁即指流品，但用上下二字則易生歧義。以天下為己任之精神，導自東漢，語終未妥，惟兩漢士氣與內心意態確有不同，　弟文專就心內自覺一端立論，本無不可，惟不能歸屬外面影響者定要歸入自覺方面立論。細思　弟文缺點還是在行文方面，作考據文字較易，作闡述文字較難，專從一點說之易，而兼綜並包者難，有蕪累處，亦有闡發未盡處，有輕重詳略斟酌不盡，有頭緒條貫組織未善，此皆在作文工夫上。昔崔東壁有意作《考信錄》，因從頭專讀韓文三年，此事大可思。關於附注體例，盼仍再看前書，鄙意並非不要有附注也。治學必求有所入，先有了根基，由此逐步擴大融化。　弟在此以大部時間治西史，尤注意思想史方面，此亦一基址，斷不會工夫白化。此後惟須寬其程限，緊着工夫，卻不宜先有顧慮。《莊子》一書必須誦郭注，郭注雖非《莊子》之正解，然其書實宜精讀也。經學亦不必畏難，《詩經》可先看朱子，《易經》兼看伊川，《左傳》與《小戴禮》必讀，惟《尚書》《儀禮》不妨擱下不看。清人治經須讀乾嘉以前，雖有未精，然元氣淋漓，乾嘉以後便趨瑣碎，不妨先看閻百詩《古文尚書疏證》，胡朏明《禹貢錐指》，顧棟高《春秋大事表》。讀過此等書始有氣魄寫大部專著，否則總是零碎文字，不能成大著作。古人精神，必能兼顧到全書，決不草草，多讀自見。總之勿心慌，須以安閒沉著之心情讀之，讀一書自可得一書之益，只積三五年工夫，便可確立基礎矣。拙著《近三百年學術史》，盼細看。又《學籥》諸篇，雖篇幅不多，亦須精讀，為學門徑與讀書方法，穆之所知，已盡此兩書中。以　弟明快之姿，上了道路，即可深造自得，不煩常有人指示也。　令尊大人厚意可感，惟穆《論語》稿月內恐不能完畢，又擱著許多雜事，均待於六月內清結，而又有熟人已先約自遠道來者，穆夫婦如再來康橋，亦不便不訪其他熟人，深恐三四天工夫，又是匆匆而過，如何覓附近風景區暢遊，盼由　尊大人設法提示，再行考慮如何。匆匆不盡，順頌

侍祺　　穆啟

內人同此向閣第道候

令尊前候安不另

（按：此書未載月日，但當在一九六〇年五月底或六月初）

（一九六六年十一月十七日）

英時老弟大鑒：接誦來書，甚深喜慰，茲當就所示及，扼要簡答如次。先論朱子方面者，竊謂治學，門戶之見不可有，而異同是非之辨則不能無。《新學案》闡發朱子思想，主要分兩部分，一曰〈理氣篇〉，二曰〈心性篇〉，此兩篇初稿均已完成。敘述朱子心學方面，又分子目十箇，至於〈從遊延平篇〉則並不在此十子目之內，因此乃朱子成學前之經過，非成學後之見解也。朱子論心學，隨處可見其崇儒排釋之意見，後代理學家所設儒釋疆界，其實都承襲自朱子。儒釋異同是一事，明其異同，始可判其得失。《新學案》中將專立〈朱子論禪學〉一篇，此篇篇幅將甚大，然朱子分別儒釋及其論禪學之語則並不全歸入此篇中。如〈朱子心學篇〉十子目中，已散見有不少牽涉儒釋異同及闢禪學之語，又將特立〈朱陸異同篇〉，此篇篇幅亦必鉅。朱子所以斥陸學為禪者其意何指，將在此篇中暢闡之。又朱子與二程異同，亦為《新學案》中極用心着眼之點，朱子每言二程立言有過高者，其實過高即指其與禪學有相近似，惟婉言之則僅謂其過高，亦有明白說如此則易入於禪者。至朱子評程門謝楊游尹四大弟子，幾乎一一斥其流入於禪，朱子於延平默坐澄心之教，始終不甚契，亦明謂其易流為禪學，故朱子之斥禪學，可謂其意態乃甚嚴肅認真也。至朱子於道家，其不贊成處，備見其評橫渠及康節兩家中。大抵道家長處在講宇宙論方面，禪宗長處在講心識方面，理學諸家或傾向於講宇宙論者則如濂溪康節橫渠皆是。朱子最重濂溪，絕無彈斥，康節橫渠則多異同。二程偏在心性方面，陸王乃承明道重言心，少及性，朱子綜合匯通周邵張程而自成一體系，《新學案》求能發揮出此一系統。前抗戰時在成都開始通體讀了一遍《朱子語類》，又從頭讀了一部《指月錄》，於禪學與理學之異同分合處曾寫有散篇都十餘萬字，似均曾刊載在《思想與時代》雜誌中，亦間有刊在其他雜誌者，俟《新學案》成書，當將此諸篇再從頭細讀一遍，彙合出一書，即名曰《禪宗與理學》。　弟意欲在《新學案》中能有一篇專論朱子心學工夫所得於釋道者為何，其用之以創闢理學新蹊者又如何，其實《新學案》全書中處處均散入此意，惟體裁所限，重在敘述，略於發揮，待《新學案》成書，庶為對此問題有興趣者開一門徑，易於繼續探討，如此而已。或有讀《新學案》而謂其尊朱述朱仍在門戶中，則亦無奈之何也，以下論章實齋方面。

尊意謂實齋一生治學立言，受東原影響太大，其心中時時有一東原影子，故立論於不自覺處每與東原針鋒相對，此一意見所謂一針見血也。又謂實齋論朱陸異同，其心中即自認為彼與東原乃當世之朱陸，亦是入木三分。又曰六經但為某一階段之史，而非史之全程，六經皆史而史不盡於六經，下語簡淨扼要。　弟能就此三點發揮，穆皆絕無異議，此下當就穆所見略道一二備　弟作參考。㈠實齋提倡史學，實於史學無深入，無多貢獻可言。實齋史學可分幾方面言之，一為平章學術，乃從其校讎學來，其校讎學之所得則從當時四庫館目錄分類之學所引起，彼在此方面極有新解，惜後人少有繼者。㈡實齋史學之第二長處，在其指導人轉移目光治現代史，留心當代政制，此乃其六經皆史論之應有涵義，亦是其六經皆史論之主要涵義。此一意見，又落入此下經學家手裏，遂有今文學派之興起。龔定菴思想則顯然承襲自實齋，此在《近三百年學術史》中已曾闡發。實齋《文史通義》於其他諸經皆有討論，獨於《春秋》一經則缺，穆於〈孔子與春秋篇〉（登《港大東方文化研究所學報》第一冊）始能有所抉發，於寫《三百年學術史》時，亦未逮及，盼　弟取來一細讀。㈢實齋史學之第三方面，則為其提倡新的「方志學」，此亦針對東原而起，東原曾主修《山西通志》，兩人對於方志體裁之意見，　弟之此篇應必涉及。㈣實齋自謂浙東言性命者必究於史，此乃指黎洲、謝山以下而言，不宜與浙東史學相混。朱子當年力斥浙東史學派，亦正是經史學分庭抗禮相爭不合之一例。然浙東史學並不重性命之說，而朱陸異同則祇在心學或經學上；象山既不重史，陽明亦不重史，浙東王學江右王學皆不重史，明代王學諸儒較接近史學者，祇有唐荊川一人。即黎洲之師劉蕺山，亦不講究史學，故知實齋此語指黎洲以下言也。㈤宋明理學家重史學者只有朱子一人。六先生畫象贊周張二程以外有邵康節，朱子極推其《皇極經世》，司馬溫公極推其《通鑑》。朱學傳至黃東發、王應麟皆史學，亭林乃承東發、厚齋而來，黎洲亦治經史實學，此乃時代之變，即弟函所謂清學由虛入實，淵源則在晚明諸遺老也。㈥古人未嘗離事而言理，此語實從朱子之提倡而來，《大學》格物朱注：物事也，格物窮理即格事窮理，此與象山言心即理，陽明言良知即天理不同。晚明發揮理不離事之說者首推船山，彼治橫渠朱子，極反陸王，雖其書未為實齋所見，然言理在事，其學派自朱子則不可誣也。故謂清代浙東浙西分派遠自朱陸則牽強不稽之說也。㈦實齋常推邵念魯《思復堂集》，　弟治實齋之學此集須翻檢一讀，可窺實齋學術之淵源。㈧

實齋論史學極推鄭樵，又提倡紀事本末體，此則最為清末民初所看重也。以上拉雜舉出數條，供　弟撰文時參考，　弟有意見盼再來書討論。前寄兩書與楊蓮生先生，中有朱子〈從遊延平〉一文之增改稿，久未得復深以為念，不知蓮生先生是否去新港，便中幸代一問。索拙書每常在念，前一星期日有客來，又曾囑其代買紙，因須過海到集大莊，嬾於自去，而託人又久不見買來，此君極口應允，俟其買到當書就奉寄勿急。

尊大人處久未修緘，極以為念，便中幸代候。穆除每日限文千字以外即嬾作書，目光幸能保住，而工作則輕減已多，如寫此緘，中間即靜坐及散步兩小時，午後小睡起始續寫，此書寫竟，一日課程即此交代。除寫學案外亦更不看書，若有人能來此討論，則可半日不倦，惜乃無好學者肯上門來，良可憾恨。有人送來一錄音機，囑其口說錄音由人鈔寫，然又無此興趣。每日上下午打坐，精神卻極充足耳。內人每日過海教一中學，均須於下午一時半返舍，月薪僅四百餘元，亦聊此作消遣而已，餘不一一，即頌

近祺　　穆啟　　十一月十七日下午三時

錢賓四先生論學書簡原文（約一九六〇年五或六月）

英時老弟大鑒：二十四日來書已到。人物風俗因地而異，
此屬客觀，與所謂群體自覺之內在分化不同。世族與
寒門在當時人意識中以流品二字說之，較得當。如
與道德相對，以流品別清濁，即指流品，但用此下二
字則當著此義，以其已爲當代之精神，尊自專擅，
諸終未盡，惟於時代風氣自內心意態確有不同，而文學
就心內自覺之一端言之，論來亦可謂[illegible]脫周孔外，
而新學者可留意帶入自覺方面之論細思。弟文
欲題選者在行文方面，從考據文字較易，措從闡
述文字較難，蓋須一題說出當場而舉證，並包含甚難有[illegible]

筆墨處亦有開發未盡處。有難於詳明斟酌不盡之語緒條貫但識未善。此皆在作文工夫上。昔崔東壁有考信錄，自謂讀韓文三年。此事大可思。閱拙作附注前例，何再看前書，細意並非不可有附注也。治學必求於深入，先有根基，由此逐步擴大就化。　弟於此乃大郎時代，何能學史，尤須先思想來方面，此亦一整地，斷不算工夫，宜化此條性情與其程限。總之，著工夫卻不宜先看顯處，就其一書要義論郭注，郭注讀非稍子之已解，然其書實宜精讀也。

住宅亦不易覓難。詩經可先看朱子。易經兼看伊
川。左傳與小戴禮可讀。惟尚書儀禮不妨擱下不
看。清人治經治諸，乾嘉以前有體有精，能元氣淋
漓。乾嘉以後便瑣碎。不妨先看閻百詩古文尚
書疏證、胡胐明禹貢錐指、顧棟高春秋大事
表。讀過此等書，於古義既窺大略，專看應則
便是寫作文字，不能成大著作，古人精神，無從求
頤。到今書法不草草，多讀自見。總之勿心慌，須以閒
沉着之心情讀之。讀一書得一書之益。只積三五

下工夫，能有研究之基礎矣。於拙著近三百年學術史能細看，又學案篇後每篇附錄不多，亦須精讀。為學門徑與讀書方法，穆之所知已盡此兩書中。以下則快之安排道路即可得益用深，不恤著人指示也。

令尊大人厚意可感。惟穆論語稿月內趕不能完畢，又擱著許多雜事，均待於六月內清結，而又有熟人已先約自遠道來者。穆若歸如再來香港，亦不便不訪其他熟人，僅三四天工夫，又是無而過，如何覓附近風景區暢遊數日。尊大人得請提示，再行考慮如何。匆匆不盡懷情，

侍祺

穆 啟

內人同此問　閤第並候

令尊前代候好　四月

古史地理論叢

錢穆　著

本書彙集考論古代歷史、地理長短散文，主要意義有二：一則古代歷史上之異地同名來探究古代各部族遷徙之跡，從而論究其各地經濟、政治、人文進化先後之序，為治中國古代史者提出一至關重要應加注意之一節目。二為泛論中國歷史上南北兩地域經濟、政治、人文演進之古今變遷，同為治理中國人文地理者所當注意。

秦漢史

錢穆　著

你知道秦始皇如何統治龐大的帝國？焚書坑儒的真相又為何？漢帝國對外擴張遇到什麼樣的問題？重農抑商背後的事實是什麼？賓四先生以嚴謹的史學研究方法，就學術、政治及社會各層面，深入淺出地對秦漢史加以探討。不但一解秦漢史學的疑惑，更能提高讀者的眼界。

中國歷代政治得失

錢穆　著

本書提要鉤玄，專就漢、唐、宋、明、清五代治法方面，敘述其因革演變，指陳其利害得失，要言不煩，將歷史上許多專門知識，簡化為現代國民之普通常識，於近代國人對自己的傳統政治、傳統文化多誤解處，一一加以具體而明白的交代，實為現代知識分子所必讀。

中國史學發微

錢穆　著

史籍浩繁，尤其中國二十五史乃及三通九通，數說無窮。但本書屬提綱挈領，探本窮源，所為極簡要極玄通。讀者即係初學，可以由此得其門戶。中人可以得其道路。老成可以得其歸極。要之，可以隨所超詣，各有會通。人人有得，可各試讀。

國史新論

錢穆　著

中國近百年來，面臨前所未有之變局，而不幸在此期間，智識份子積極於改革社會積弊，紛紛針貶傳統中國政治、社會文化等特質，卻產生中國自古為獨裁政體、封建社會等錯誤見解。錢穆先生務求發明古史實情，探討中國歷史真相。並期待能就新時代之需要，為國內一切問題，提供一本源可供追溯。

中國史學名著

錢穆　著

此書不單講述《史記》、《漢書》、《資治通鑑》等史學名著，舉凡為學之方、治史之道無不散見書中，更見錢穆大師殷殷期勉之意。曾謂：「我們今天的史學，已經到了一個極衰微的狀態之下了。……我希望慢慢能有少數人起來，再改變風氣，能把史學再重新開發出一條新路。」言猶在耳，吾人可不自惕哉！

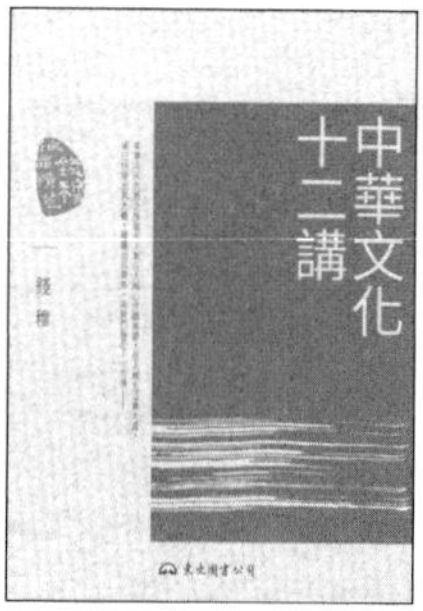

中華文化十二講

錢穆　著

本書乃賓四先生初定居臺灣期間，在各軍事基地之演講辭，共十二篇，大體討論中國文化問題。賓四先生認為中國文化有其特殊之成就、意義與價值，縱使一時受人輕鄙，但就人類生命全體之前途而言，中國文化必有其再見光輝與發揚之一日。或許賓四先生頌讚或有過分處，批評他人或有偏激處，要之讀此一集，即可見中國文化影響之悠久偉大。

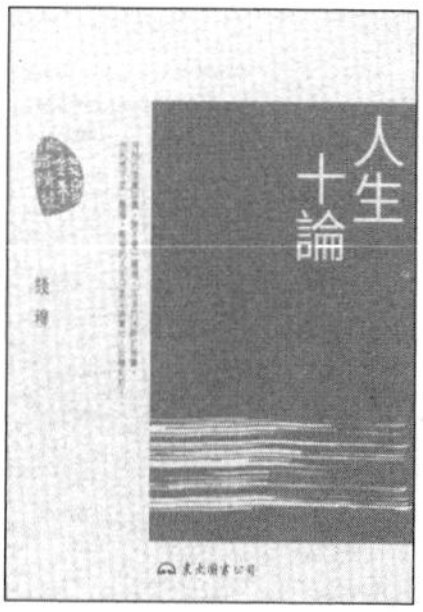

人生十論

錢穆　著

本書為錢賓四先生之講演稿合集，由「人生十論」、「人生三步驟」以及「中國人生哲學」等三編匯集而成。所論人生，雖皆從中國傳統觀念闡發，但主要不在稱述古人，而在求古今之會通和合。讀者淺求之，可得當前個人立身處世之要；深求之，則可由此進窺古籍，乃知中國傳統思想之精深，以及與現代觀念之和合。做人為學，相信本書皆可以啟其端。

中國歷史精神

錢穆　著

中國的歷史源遠流長，其間治亂興替，波譎雲詭，常令治史的人望洋興嘆，無從下手，讀史的人望而卻步，把握不住重點。本書作者錢穆博士，以其淵博的史學涵養，敏銳的剖析能力，帶領讀者得窺中國歷史文化的堂奧，獲得完整的歷史概念，深入瞭解五千年來歷史精神之所在。

莊子纂箋

錢穆　著

《莊子》一書為中國古籍中一部人人必讀之書，但義理、辭章、考據三方面，皆須學有根柢，乃能通讀此書。本書則除郭象注外，詳採中國古今各家注，共得百種上下，斟酌選擇調和決奪，得一妥適之正解。全部《莊子》一字一句，無不操心，並可融通，實為莊子一家思想之正確解釋，宜為從古注書之上品。讀者須逐字逐句細讀之始得。

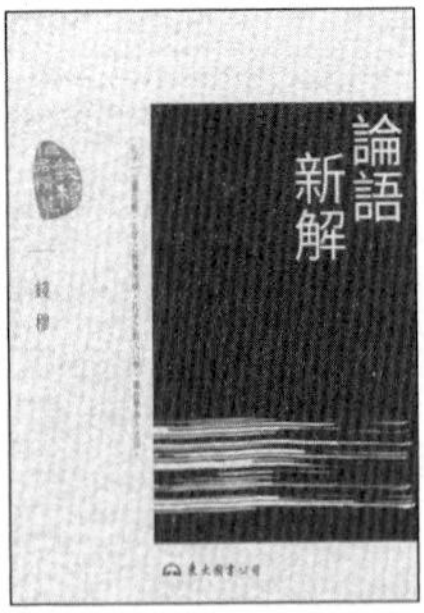

論語新解

錢穆　著

《論語》為歷代學者必讀之作，諸儒為之注釋不絕，習《論語》者亦必兼讀其注，然而學者往往囿於門戶之見而刻意立異。賓四先生因此為之新解。「新解」之新，乃方法、觀念、語言之新，非欲破棄舊注以為新。一則備采眾說，折衷求是；二則兼顧文言剖析之平易，與白話語譯之通暢。讀者藉由本書之助，庶幾能得《論語》之真義。

朱子學提綱

錢穆　著

本書為《朱子新學案》一書之首部。中國宋元明三代之理學，朱子為其重要一中心。儻論全部中國學術思想史，則孔子為上古一中心，朱子乃為近古一中心。《朱子新學案》乃就朱子學全部內容來發揮理學之意義與價值，但過屬專門，學者宜先讀《宋元學案》等書，乃可入門。此編則從全部中國學術思想之演變來闡述朱子學，範圍較廣，但易領略，故宜先讀此編，再讀《朱子新學案》全部，乃易有得。

中國歷史研究法

錢穆 著

本書內容分通史、政治史、社會史、經濟史、學術史、歷史人物、歷史地理、文化史等八部分。此下三十年，賓四先生個人有關史學諸著作，大體意見悉本於此，故本書實可謂賓四先生史學見解之本源所在，亦可視為其對中國史學大綱要義之簡要敘述。

孔子傳

錢穆 著

儒學影響中華文化至深，討論孔子生平言論行事之著作，實繁有徒，說法龐雜，本書為錢穆先生以《論語》為中心底本、綜合司馬遷後以下各家考訂所得，也是深入剖析孔子生平、言論、行事後，重為孔子所作的傳記。作者從孔子的先祖談起，及至孔子的早年、中年、晚年。詳列一生行跡，並針對古今雜說，從文化脈絡推論考辨，以務實的治學態度辨明真偽，力求貼近真實的孔子。

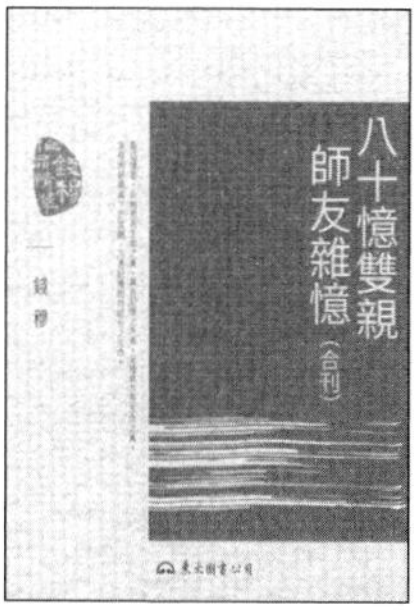

八十憶雙親、師友雜憶（合刊）

錢穆 著

本書為《八十憶雙親》、《師友雜憶》二書之合編，皆為錢賓四先生對自己生平所作的記敘。《八十憶雙親》為先生八旬所誌，概述其成長的家族環境、父親的影響和母親的護恃。後著《師友雜憶》，繼述其生平經歷，以饗並世。不僅補前書之不足，歷數了先生的求學進程、於各地的工作經驗、做學問的契機、撰著寫就的過程以及師友間的往事等，使讀者對賓四先生有更完整、更深刻的認識；亦可藉由先生的回憶，了解其時代背景，追仰前世風範。

國家圖書館出版品預行編目資料

猶記風吹水上鱗：錢穆與現代中國學術／余英時著.
－－四版一刷.－－臺北市：三民，2023
面；　公分.－－（余英時作品）

ISBN 978-957-14-7525-7（平裝）
1. 錢穆 2. 學術思想

112.8　　111013983

余英時作品
猶記風吹水上鱗——錢穆與現代中國學術

作　　者	余英時
發 行 人	劉振強
出 版 者	三民書局股份有限公司
地　　址	臺北市復興北路 386 號 (復北門市) 臺北市重慶南路一段 61 號 (重南門市)
電　　話	(02)25006600
網　　址	三民網路書店 https://www.sanmin.com.tw
出版日期	初版一刷 1991 年 10 月 三版二刷 2021 年 8 月 四版一刷 2023 年 1 月
書籍編號	S120180
I S B N	978-957-14-7525-7

三民書局